Molière

L'Avare et autres pièces

Adaptation de Sarah Guilmault

Illustrations de Fabio Visintin

Rédaction : Sarah Negrel, Cristelle Ghioldi
Direction artistique et conception graphique : Nadia Maestri
Mise en page : Carlo Cibrario-Sent, Simona Corniola
Recherche iconographique : Alice Graziotin

Première édition : janvier 2016

Crédits photographiques :
Shutterstock; Istockphoto; Dreamstime; Thinkstock; De Agostini Picture Library: 4, 87(6); Rue Des Archives/AGF: 5, 33; The Stapleton Collection/Bridgeman Images: 6; STEPHANE DE SAKUTIN/AFP/Getty Images: 58; Flammarion/Bridgeman Images: 60; Bridgeman Images: 61; Musée de la Ville de Paris, Musée Carnavalet, Paris, France/Bridgeman Images: 73(4); Musée de Tesse, Le Mans, France/Bridgeman Images: (5); Mary Evans/AGF: 89; WebPhoto: 90; © BIM DISTRIBUZIONE/WebPhoto: 91.

Pour toute suggestion ou information, la rédaction peut être contactée à l'adresse suivante :
info@blackcat-cideb.com
blackcat-cideb.com

The design, production and distribution of educational materials for the CIDEB brand are managed in compliance with the rules of Quality Management System which fulfils the requirements of the standard ISO 9001 (Rina Cert. No. 24298/02/S - IQNet Reg. No. IT-80096)

Imprimé en Italie par Italgrafica, Novara

Sommaire

Le texte est intégralement enregistré.

n. piste Ce symbole indique les chapitres et les activités enregistrés et le numéro de leur piste.

DELF Les exercices qui présentent cette mention préparent aux compétences requises pour l'examen.

Molière

1622

Jean-Baptiste Poquelin est né à Paris le 15 juin 1622. Après avoir suivi des études de droit, Jean-Baptiste est reçu avocat en 1941. Malgré son père, il décide de devenir comédien. Avec sa maîtresse Madeleine Béjart, une comédienne déjà connue, et quelques autres comédiens, il fonde en 1643 la compagnie théâtrale *l'Illustre Théâtre* et il prend le nom de Molière. En 1645, la troupe fait faillite. Emprisonné pour dettes, Molière est libéré quelques jours plus tard. Avec la troupe de Charles Dufresne, il quitte Paris et va parcourir la France pendant plus de treize ans.

Succès et maturité

En 1658, Molière a trente-six ans. Il rentre à Paris fort d'une double expérience d'acteur comique et d'auteur dramatique. Il joue devant le jeune Louis XIV, au Louvre, le *Docteur Amoureux*. Cette pièce plaît au roi qui accorde à la troupe de Molière le droit de partager avec les Comédiens-Italiens, la salle du Petit Bourbon.
En décembre 1659, *Les Précieuses ridicules*, farce au service d'une satire de la vie sociale, fait un triomphe. Mais l'éclatant succès de *L'école des femmes* (1662) suscite la colère des dévots et la jalousie des auteurs concurrents.

La protection du roi

La pièce *Tartuffe* (1664), interdite par l'archevêché, ne sera jouée qu'en 1669. C'est de nouveau la question religieuse qui inspire à Molière son *Dom Juan* (1665) laquelle selon ses adversaires, prône l'athéisme.

Louis XIV décide de prendre officiellement Molière sous sa protection. Il décerne à ses comédiens le titre de troupe du roi et offre une pension de 1 000 livres à Molière « en qualité de bel esprit et excellent poète comique ».

Épuisé par les ennuis, malade, Molière écrit la plus humaine de ses pièces, *Le Misanthrope* (1666). Évitant désormais les sujets trop brûlants avec *L'Avare* (1668) ou *Les Fourberies de Scapin*, il promeut le genre « comédie-ballet » dans *Le Bourgeois gentilhomme* (1670) et *Le Malade imaginaire* (1673).

Scène XII de la pièce *Les Précieuses ridicules*, gravure par Delannoy (1870).

Scène du *Malade imaginaire*, Charles Robert Leslie, huile sur toile (1843).

1673

Dans *Le Malade imaginaire*, Molière tient le rôle d'Argan. Il est pris d'un malaise lors de la quatrième représentation. Il est transporté chez lui, rue de Richelieu et meurt d'une hémorragie. Comme le curé refuse de l'enterrer religieusement, Mme Molière requiert l'intervention du roi. Sur intervention personnelle de Louis XIV, Molière est inhumé au cimetière Saint-Joseph, le 21 février.
En 1680, Louis XIV ordonne la fusion de la troupe de Molière avec celle de l'Hôtel de Bourgogne qui donnera naissance à une troupe officielle, unique, royale… la Comédie-Française (ou « Maison de Molière »).

Compréhension écrite

1 Lisez la biographie de Molière, puis complétez les phrases.

1 C'est le métier que fait sa maîtresse : ....
2 Le synonyme de compagnie théâtrale : ....
3 Le roi devant lequel il joue en 1658 : ....
4 Les pièces de Molière en sont parfois : ....

2 **Relisez la biographie de Molière, puis retrouvez le titre de chacune des pièces suivantes ainsi que leur date.**

1 ....
Avec cette pièce, il réussit son coup de maître. Elle soulève des questions importantes (l'institution du mariage et l'éducation des filles), tranche nettement avec les thèmes habituels de la farce ou de la comédie à l'italienne. Elle irrite certains auteurs concurrents autant qu'elle choque les tenants de la morale traditionnelle.

2 ....
Cette pièce, la plus humaine des pièces de Molière, conte les mésaventures d'Alceste, un personnage d'une loyauté et d'une probité indéfectibles. Elle connaît un succès mitigé, mais sa dimension morale lui assurera un prestige qui ne fera que croître les siècles suivants.

3 ....
La comédie, qui évite les thèmes brûlants, traite de l'avarice à travers son personnage principal Harpagon mais aussi de la tyrannie domestique, de l'égoïsme et de ce qu'aujourd'hui on nomme le sexisme.

Production écrite

3 **Nous retrouvons le nom de Molière(s) dans d'autres occasions. Associez le nom à ce qu'il signifie. Puis, faites une recherche sur La nuit des Molières (historique, son équivalent dans d'autres pays, etc.) en 120 mots.**

1 ☐ La langue de Molière
2 ☐ Molières
3 ☐ La nuit des Molières

a Commune de France en Dordogne
b Cérémonie de récompense du théâtre français
c La langue française

Avant de lire

1 **Qui est qui ? Complétez, au fur et à mesure de votre lecture, le nom des personnages de la pièce et leurs liens de parenté à l'aide des mots proposés.**

père – fille – fils – frère – sœur – mère

L'Avare

De gauche à droite et de haut en bas : **Harpagon, Cléante, Anselme, Mariane, Élise, Valère.**

CHAPITRE 1

La tyrannie

piste 02

Harpagon est un homme très avare qui a une fille, Élise, et un fils, Cléante. Après la mort de sa femme, c'est lui qui s'est occupé de ses deux enfants. Bien que très riche, il est obsédé par son argent et a la hantise[1] qu'on le lui vole. Il n'a confiance en personne pas même en ses propres enfants. Pour devenir encore plus riche, Harpagon prête de l'argent à des taux d'intérêt très élevés.

Valère travaille comme intendant auprès d'Harpagon pour rester près d'Élise dont il est amoureux. Il voudrait bien la demander en mariage mais comme il n'a pas d'argent, il sait qu'Harpagon ne lui donnera jamais son accord. Valère, qui n'a plus revu ses parents depuis longtemps, est à leur recherche. Il espère avoir bientôt de leurs nouvelles car il est sûr qu'ils soutiendront son mariage avec Élise.

1. **Avoir la hantise** : avoir très peur.

Pour le moment, le jeune homme doit continuer à servir Harpagon et à le flatter. De son côté, Élise veut parler de son amour pour Valère à son frère afin d'obtenir son soutien. Elle se rend auprès de lui pour se confier, mais elle le trouve très agité. Cléante prend aussitôt la parole.

— Comme je suis content de vous voir ma sœur, j'ai un secret à vous révéler ! Je ne peux plus attendre pour vous le dire : j'aime[2].

— Vous aimez ?

— Oui, je suis tombé amoureux de la plus charmante des jeunes filles. Elle s'appelle Mariane, elle est pauvre et vit seule avec sa mère âgée. Comme elle est tendre et douce ! Je veux me marier avec elle. Mais vous n'aimez pas, vous ne pouvez pas comprendre...

— Si seulement c'était vrai ! s'exclame Élise.

— Comment ? Vous aussi ma sœur vous êtes amoureuse ?

— Oui, mais comme nous aimons des personnes pauvres, j'ai peur que notre père s'oppose à nos désirs, ajoute tristement Élise.

— Si notre père s'oppose à notre mariage, nous partirons. Nous ne pouvons plus accepter sa tyrannie et son avarice. Il faut juste trouver de l'argent... Chut, le voilà qui arrive !

Harpagon entre dans la pièce où se trouvent ses enfants. Dans un premier temps, il ne les voit pas et continue de parler tout seul à voix haute.

— Ce n'est pas facile de garder chez soi une grosse somme d'argent. Les coffres-forts attirent les voleurs, c'est la première chose qu'ils attaquent. Est-ce que j'ai bien fait d'enterrer dans mon jardin les dix mille écus qu'on m'a rendus hier ?

Harpagon aperçoit alors ses enfants.

— Avez-vous entendu ce que je viens de dire ? leur demande-t-il inquiet.

2. **Aimer** : ici, être amoureux.

— Quoi mon père ? demande Cléante.

— Ce que je viens de dire ?

— Non, répond Cléante.

— Si, vous avez certainement entendu : je disais qu'il est difficile aujourd'hui de trouver dix mille écus. Ceux qui possèdent une telle somme doivent être heureux… Hum, hum, j'espère que vous n'avez pas compris que c'est moi qui possède cette somme, n'est-ce pas ?

— Ce ne sont pas nos affaires, mon père. De toute façon, vous n'avez pas à vous plaindre, nous savons que vous possédez beaucoup de biens.

— C'est faux ! Ceux qui disent ça, sont des menteurs.

Mais laissons tomber cette discussion et parlons de mariage.

Connaissez-vous une jeune fille qui s'appelle Mariane ?

— Oui, mon père, répond Cléante, enthousiaste.

— Comment trouvez-vous cette jeune fille ? demande Harpagon.

— Elle est charmante, honnête et pleine d'esprit.

— Est-ce que vous ne pensez pas qu'elle mérite de se marier ? Certes, elle n'est pas très riche…

— L'argent n'a pas d'importance quand la jeune fille est honnête, reprend Cléante qui pense que son père veut le marier avec Mariane.

— Je suis heureux de voir que vous partagez mes sentiments car… j'ai décidé de l'épouser ! annonce Harpagon.

— Comment ? Vous, vous voulez épouser Mariane ?

— Oui, moi, moi, moi ! répète Harpagon, le sourire aux lèvres.

— Mais c'est impossible…

Cléante n'arrive pas à croire à cette nouvelle, « Quel malheur ! Mon père est mon rival ! » pense-t-il. Il ne dit rien à son père, fait semblant de se sentir mal et quitte la pièce, désespéré. Harpagon reste seul avec sa fille Élise.

— Moi, je vais me marier avec Mariane et votre frère va épouser une riche veuve que j'ai rencontrée ce matin. Et vous Élise, vous êtes destinée au seigneur Anselme.

— Au seigneur Anselme ? demande la jeune fille, inquiète.

— C'est un homme mûr, prudent et sage. Il n'a pas plus de cinquante ans et surtout, il est très riche.

Mais Élise pense à Valère.

— Je ne veux pas me marier, mon père, s'il vous plaît.

— En revanche ma fille vous allez vous marier, s'il vous plaît.

— Je vous demande pardon mon père mais je ne veux pas l'épouser.

— Je vous demande pardon ma fille, mais vous allez l'épouser. Et dès ce soir.

— Dès ce soir ? Ce n'est pas possible !

— Si c'est possible.

— Non.

— Si. Le brave homme a même accepté de vous prendre sans dot[3].

— Avec ou sans dot, je ne veux pas me marier !

— Et pourtant ma fille, c'est bien ce que vous allez faire.

Comme son frère, Élise quitte Harpagon, désespérée par la nouvelle de son mariage. Elle va vite retrouver Valère pour lui annoncer la décision de son père.

— Il faut absolument trouver un moyen pour empêcher ce mariage, dit Valère.

— Il doit se faire ce soir. Nous avons si peu de temps...

— J'ai une idée Élise, faites semblant d'être malade. Cela va nous faire gagner du temps.

3. **Une dot** : biens, argent qu'une femme apporte avec le mariage.

Compréhension écrite et orale

piste 02

1 **DELF** **Écoutez l'enregistrement du chapitre, puis indiquez le texte correspondant à l'introduction de la scène.**

1 ☐ Nous apprenons qu'Harpagon a deux enfants, Cléante et Élise, que sa femme est morte et qu'il est obsédé par son argent et par la peur qu'on lui vole. On sait aussi que Valère est amoureux de sa fille Élise mais qu'il ne peut pas la demander en mariage car il est pauvre.

2 ☐ La femme d'Harpagon est morte et il veut se remarier. Harpagon a deux enfants, c'est un homme riche et avare. Il pense que ses enfants lui ont volé son argent. Valère est amoureux d'Élise et il va la demander en mariage à Harpagon.

3 ☐ Harpagon a deux enfants. Il est obsédé par son argent qu'il a peur qu'on lui vole. La scène montre Harpagon qui pleure sa femme qui vient de mourir. Valère est amoureux de la fille d'Harpagon, Élise, mais il ne peut pas la demander en mariage car il est trop pauvre.

piste 02

2 **Réécoutez ou lisez le chapitre, puis remettez les phrases dans l'ordre chronologique.**

a ☐ Cléante et Élise ne supportent plus la tyrannie de leur père.

b ☐ Harpagon annonce qu'il veut épouser Mariane.

c ☐ Élise veut parler de son amour pour Valère à son frère Cléante.

d ☐ Élise n'est pas d'accord et décide d'en parler à Valère.

e ☐ Valère veut trouver un moyen pour empêcher ce mariage.

f ☐ Cléante quitte la pièce désespéré de voir que son père est son rival.

g ☐ Harpagon destine sa fille Élise à Anselme, un homme mûr.

h ☐ Harpagon aperçoit ses enfants et craint qu'ils aient tout entendu.

i ☐ Cléante est très agité parce qu'il aime Mariane.

j ☐ Harpagon parle tout seul des 10 000 écus qu'il a enterrés dans son jardin.

3 **Lisez le chapitre, puis dites qui se cache derrière chaque portrait : Harpagon, Cléante, Élise, Valère, Mariane ou Anselme ? Enfin, complétez les portraits à l'aide des mots proposés.**

honnête – pauvre – amoureux – avare – sage – douce – argent – désespéré – intendant – brave

A ....

Elle est amoureuse de Valère.

B ....

Homme mûr de 50 ans, (**1**) .... et prudent. Il est très riche et (**2**) ....

C ....

Très (**3**) .... et tyrannique, il est obsédé par l'(**4**) ....

D ....

Elle est pauvre, tendre et (**5**) .... Elle est aussi charmante, (**6**) .... et pleine d'esprit.

E ....

C'est l'(**7**) .... d'Harpagon. Il est amoureux d'Élise. Il est (**8**) ....

F ....

Il est (**9**) .... de Mariane. Il est (**10**) ....

Enrichissez votre **vocabulaire**

4 Quelle erreur ! Redonnez à chaque photo le mot auquel elle correspond.

1

2

3

- la pièce
- les lèvres
- le jardin

4

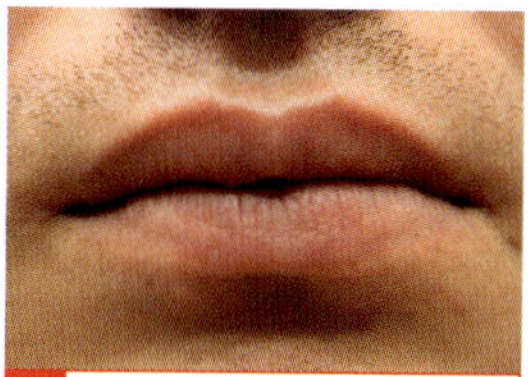
5

6

- le menteur
- le coffre
- le voleur

Production orale

5 Petite improvisation ! Promenade sur la Lune.

Ça y est ! On est arrivés sur la Lune. Les participants se déplacent dans la pièce en faisant d'amples mouvements, comme les astronautes sur le sol lunaire.

6 DELF En groupes de 2 ou 3. Posez des questions à votre ou vos camarades autour des mots suivants :

Nom ? **Prénom ?** **Âge ?**

Famille ? **Théâtre ?** **Loisirs ?**

CHAPITRE **2**

L'obsession

Cléante cherche désespérément de l'argent pour empêcher le mariage de son père avec Mariane. Valère tente lui de trouver une solution pour sauver Élise du mariage avec Anselme. De son côté, Harpagon est heureux de marier ses enfants sans devoir sortir de l'argent de sa poche, et d'épouser une jeune femme, certes pauvre, mais qui ne va rien lui coûter. En effet, il sait déjà que Mariane est une jeune fille économe[1].

piste 03

Le serviteur de Cléante, la Flèche, a découvert un moyen d'obtenir de l'argent pour son maître : il a trouvé quelqu'un à qui l'emprunter[2]. Même si les intérêts sont très élevés, Cléante n'a pas d'autres solutions pour se marier rapidement avec Mariane.

1. **Économe** : personne qui dépense très peu d'argent.
2. **Emprunter** : ici, demander un prêt.

Le jour où Cléante doit rencontrer l'usurier[3] arrive. Le jeune homme va au rendez-vous, mais il est très étonné de se retrouver nez à nez[4] avec son père.

— Comment mon père, vous êtes usurier ?

— Comment mon fils, vous osez emprunter de l'argent ?

— Et vous mon père, vous osez vous enrichir en proposant des taux d'usure aussi criminels ?

— Et vous, n'avez-vous pas honte de dépenser l'argent que vos parents ont eu tant de mal à économiser ?

— Et vous, vous ne pensez pas vous déshonorer à force de vous enrichir à n'importe quel prix ? Qui est le plus criminel de nous deux : moi qui achète de l'argent dont j'ai besoin, ou vous qui volez de l'argent dont vous n'avez pas besoin ?

— Fils indigne, je vais vous tenir à l'œil[5]...

L'après-midi, Harpagon réunit ses enfants, son intendant et ses domestiques pour la préparation du dîner : il a invité Anselme et Mariane. Il donne ses ordres et s'adresse d'abord à la servante.

— Vous, dame Claude, tout doit être propre pour ce soir, mais attention, ne frottez pas les meubles trop fort pour ne pas les user.

Puis, il se tourne vers ses deux domestiques.

— Vous, Brindavoine et la Merluche, vous êtes chargés de servir à boire, mais seulement si on vous le demande plus d'une fois. Et n'hésitez pas à servir beaucoup d'eau ! Ça coûte moins cher...

— Monsieur excusez-moi, mais mon vêtement a un trou dans le dos ! annonce la Merluche.

— Et moi, ajoute Brindavoine, j'ai une tache sur mon tablier !

3. **Un usurier** : personne qui prête de l'argent à un taux très élevé.
4. **Nez à nez** : en face de.
5. **Tenir à l'œil** : surveiller.

— C'est très simple, vous la Merluche, présentez toujours le devant aux personnes. Et vous Brindavoine, cachez la tache en mettant votre chapeau devant ! Bien, passons à maître Jacques. Dites-moi un peu, quel repas allez-vous nous préparer ce soir ?

— Préparer un repas ? Avec quoi ? Il me faut de l'argent, répond le cuisinier.

— Que diable ! De l'argent, de l'argent, il faut toujours parler d'argent ! Mais pourquoi avez-vous besoin d'argent ?

— Il faut bien acheter de la nourriture pour le menu de ce soir ! Comment vais-je faire mes potages, mes entrées... ?

— Vous voulez tuer les invités avec toute cette nourriture ? intervient Valère. Les excès ne sont pas bons pour la santé. Il faut manger pour vivre et non pas vivre pour manger, maître Jacques !

L'intendant prend position contre les domestiques afin de flatter son maître : il joue l'hypocrite pour gagner l'affection d'Harpagon et pouvoir ainsi épouser sa fille un jour.

— Quelle belle phrase ! Valère a raison, dit Harpagon au cuisinier, faites des haricots, des plats qu'on n'aime pas trop et qui remplissent l'estomac !

— Eh bien puisque l'intendant a toujours raison... répond maître Jacques en colère.

Le cuisinier n'aime pas Valère : c'est toujours à cause de lui qu'il reçoit des coups de bâton d'Harpagon. Il n'attend que le moment favorable pour se venger.

— Et vous mes enfants, dit Harpagon en se tournant vers eux, je vous conseille d'accueillir correctement nos invités. Cléante, je vous pardonne l'histoire de cet après-midi, mais vous avez intérêt à être gentil avec Mariane, votre future belle-mère.

En fin d'après-midi, Mariane, arrive la première chez Harpagon. Elle est accueillie par Élise et Cléante. Ce dernier lui avoue son amour.

Mariane lui confesse qu'elle l'aime, elle aussi, mais qu'elle ne peut pas désobéir à sa mère qui a donné son accord au mariage avec Harpagon. Cléante est désespéré et se montre plein d'attentions envers la jeune femme. Harpagon, qui l'observe du coin de l'œil, commence à avoir des doutes sur les sentiments de son fils. Il le prend à part pour lui parler.

— Comment trouvez-vous votre belle-mère ?

— Sa beauté est médiocre et son esprit banal.

— Je vous ai pourtant entendu lui dire des douceurs.

— C'était pour vous plaire, mon père.

— Vous n'êtes donc pas amoureux d'elle ?

— Pas du tout !

— C'est dommage parce que finalement je me trouve trop vieux pour elle. En revanche, elle a votre âge. Mais si vous n'êtes pas amoureux d'elle, je ne peux pas vous la donner en mariage...

— Me donner Mariane en mariage ? demande Cléante enthousiaste.

— Oui !

— Pour vous faire plaisir, je peux l'épouser.

— Je ne veux pas vous forcer...

— Je peux me sacrifier pour vous, mon père.

— Non mon fils, sans amour, un mariage ne peut être heureux. C'est moi donc qui vais l'épouser.

— Eh bien mon père, ajoute Cléante avec empressement, je dois vous avouer un secret : j'aime Mariane depuis le premier jour où je l'ai vue !

— Ah, ah, mon fils, je le savais ! Eh bien vous devez oublier cet amour, et renoncer à Mariane.

— Vous m'avez tendu un piège ! Je préfère mourir plutôt qu'abandonner l'amour que j'ai pour Mariane.

Compréhension écrite et orale

piste 03

1 **DELF** **Écoutez l'enregistrement de l'introduction puis écrivez le nom de la personne qui fait l'action : Cléante, Harpagon ou Valère.**

1 Il va se marier avec une jeune femme et marier gratuitement ses enfants. ....
2 Il cherche de l'argent pour pouvoir se marier avec Mariane. ....
3 Il cherche une solution pour éviter le mariage entre Élise et Anselme. ....

piste 03

2 **Écoutez de nouveau, puis indiquez les scènes correspondant au chapitre.**

1 ☐ Cléante se rend chez un usurier qui n'est autre que son père.
2 ☐ Harpagon est heureux que son fils lui emprunte de l'argent.
3 ☐ Harpagon réunit ses enfants, son intendant et ses domestiques pour la préparation du mariage.
4 ☐ L'intendant Valère flatte son maître Harpagon pour gagner de l'argent.
5 ☐ Mariane confesse à Cléante qu'elle l'aime.
6 ☐ Harpagon a tendu un piège à son fils Cléante.

piste 04

3 **DELF** **Écoutez l'enregistrement, puis dites s'il s'agit d'une critique positive (P), négative (N), ou on ne sait pas (?). Ensuite, écrivez qui est l'auteur de chaque phrase (le narrateur, Valère, Cléante ou Harpagon).**

	P	N	?	
1	☐	☐	☐	....
2	☐	☐	☐	....
3	☐	☐	☐	....
4	☐	☐	☐	....
5	☐	☐	☐	....
6	☐	☐	☐	....
7	☐	☐	☐	....
8	☐	☐	☐	....

4 Indiquez si les phrases suivantes sont liées à l'avarice (A), à la malhonnêteté (M) ou on ne sait pas (?). Attention, plusieurs solutions sont possibles.

		A	M	?
1	Qui est le plus criminel de nous deux : moi qui achète de l'argent dont j'ai besoin, ou vous qui volez de l'argent dont vous n'avez pas besoin?	☐	☐	☐
2	Vous êtes chargé de servir à boire, mais seulement si on vous le demande plus d'une fois.	☐	☐	☐
3	Faites des plats qu'on n'aime pas trop et qui remplissent l'estomac.	☐	☐	☐
4	Ne frottez pas les meubles trop fort pour ne pas les user.	☐	☐	☐
5	Il faut manger pour vivre et non pas vivre pour manger.	☐	☐	☐

Enrichissez votre **vocabulaire**

5 À l'aide des photos, complétez les phrases avec les mots manquants.

1 Il a une .... sur son vêtement.
2 Il a une tache sur son .... aussi !
3 Il met son .... devant pour la cacher.
4 Le .... demande de l'argent pour préparer le repas.
5 Il ne sait pas avec quoi il va faire ses ....
6 Les .... font partie du menu.
7 Les .... font partie des légumes qu'on n'aime pas trop.
8 Il reçoit des coups de .... à cause de Valère.

Production orale et écrite

6 Petite improvisation ! Personnages imposés.

Le professeur note à l'avance, sur des bouts de papier, les divers personnages de la pièce : Harpagon, Cléante, Élise, etc. Chaque participant tire un personnage au hasard et le tient secret. Ensuite, chaque équipe improvise une scène où chacun doit jouer en fonction du personnage qui lui est assigné, sans le révéler aux autres.

7 DELF Vous voulez gagner une place pour aller voir la pièce de théâtre *L'Avare*. Remplissez la fiche d'inscription au concours et répondez aux questions.

http://

Jeu-concours **Comment gagner une place gratuite de théâtre sur le Net.**

Fin du jeu : dans plus d'un mois

Indispensable : Découvrez "MON TOUTGAGNER.COM", votre interface de jeux-concours entièrement personnalisable !

Principe du jeu-concours

Pour gagner une place de théâtre, remplissez la fiche d'inscription au jeu.

NOM : ....

Prénom : ....

Lieu de naissance : ....

Adresse complète : ....

Tél. : ....

Mobile : ....

Adresse Mél. : ....

Tes goûts :

Est-ce que tu aimes le théâtre ? Pourquoi ?

....

À quel autre jeu concours aimerais-tu participer ?

....

Date limite : 31/12/20... - **Pays** : France

CHAPITRE **3**

L'égoïsme

piste 05

La Flèche annonce à Cléante qu'il a trouvé de l'argent pour permettre son mariage avec Mariane : il a volé la cassette d'Harpagon cachée dans le jardin. Tandis qu'il explique comment il a fait pour la trouver, ils entendent les hurlements d'Harpagon.

— Au voleur ! À l'assassin ! Au meurtrier ! Je suis perdu ! Je suis assassiné ! On m'a coupé la gorge, on m'a volé mon argent ! Mon argent, mon pauvre argent, mon cher ami, sans toi j'ai perdu ma joie, il m'est impossible de vivre ! Je meurs... Allons chercher les commissaires, les juges, les bourreaux : je veux faire pendre tout le monde, et si je ne retrouve pas mon argent, je vais me pendre aussi.

Maître Jacques fait appeler le commissaire et pense que le moment est venu de se venger de Valère.

— Je sais qui a volé la cassette, dit-il à Harpagon et au commissaire qui vient d'arriver.

— Qui ? demande Harpagon impatient.

— Votre intendant Valère, répond maître Jacques.

— Valère, cet homme si honnête ?

— Quelle preuve avez-vous ? demande le commissaire à maître Jacques.

— Je l'ai vu revenir du jardin avec une cassette !

— Et comment est-elle cette cassette ? demande Harpagon au cuisinier. Ce n'est peut-être pas la mienne...

— Euh... Elle est faite comme une cassette, hésite le domestique. Elle est grande, je crois.

— La mienne est petite.

— Oui, en fait elle est petite, mais grande par ce qu'elle contient...

— Et la couleur ?

— Elle est d'une certaine couleur... n'est-elle pas rouge ?

— Non, elle est grise.

— Oui, c'est ça, elle est grise !

— Il n'y a pas de doute, conclut Harpagon, c'est bien la mienne ! Maître Jacques, faites venir Valère !

Quelques minutes plus tard, Valère arrive dans la pièce.

— Valère, venez avouer votre horrible crime ! s'exclame Harpagon.

— Quel crime ? demande l'intendant.

— Vous vous êtes introduit chez moi pour me trahir...

— C'est vrai, continue Valère, et je vais tout vous avouer...

— Mais pourquoi avez-vous commis un tel acte ?

— Vous me le demandez ?

— Eh bien oui, je vous le demande.

— L'amour.

— L'amour de mon argent ?

— Il ne s'agit pas d'argent...

— Vous avez raison, c'est plutôt un trésor.

— C'est vrai, c'est bien un trésor, et le plus précieux de tous. Je vous demande à genoux de me le laisser.

— Vous laisser mon trésor ? Mais vous êtes fou !

— Nous nous sommes promis de ne jamais nous séparer.

— Vous avez fait une promesse à mon trésor ? Quelle drôle d'idée…

— Elle est si honnête et si sage, ses yeux sont si merveilleux…

— Ma cassette a des yeux merveilleux ?

— Quelle cassette ? Non, je parle de votre fille, avec laquelle j'ai signé une promesse de mariage.

— Vous avez signé une promesse de mariage avec ma fille ? Quel désespoir ! Elle, épouser un domestique… Écrivez commissaire : cet homme m'a volé mon argent… et ma fille !

Un domestique annonce l'arrivée du seigneur Anselme. Ce dernier se trouve dans la salle à manger en compagnie des enfants d'Harpagon et de Mariane. Harpagon décide de les rejoindre suivi de son domestique, Valère, et du commissaire. Harpagon va immédiatement saluer Anselme.

— Ah, cher ami, dit-il à Anselme, vous êtes venu épouser ma fille, mais elle vient de signer une promesse de mariage avec mon domestique. Cet homme m'a volé ma fille et ma cassette. Quel désespoir ! Le commissaire ici présent peut en témoigner.

— Vous ne savez pas qui je suis, intervient Valère. Je ne suis pas un domestique !

— Qui êtes-vous alors ? demande Anselme.

— Je suis le fils de don Thomas d'Alburcy.

— Attention à ce que vous dites, je connais parfaitement cet homme, ajoute Anselme.

— Je me fiche pas mal de Thomas d'Alburcy, moi ! C'est ma cassette que je veux… les interrompt Harpagon.

CHAPITRE 3

— S'il vous plaît, seigneur Harpagon, laissez-le parler. Il ne peut pas être le fils de don Thomas d'Alburcy, car lui et sa famille ont perdu la vie lors d'un naufrage.

— Je vois que vous ne savez pas tout. Quand j'avais sept ans, j'ai fait naufrage avec mes parents et ma sœur. J'ai été sauvé par le capitaine d'un bateau espagnol qui m'a élevé comme son propre fils. Il y a très peu de temps, j'ai su que mon père aussi était en vie. J'ai décidé de partir à sa recherche, et sur ma route, j'ai rencontré Élise. Je suis entré au service d'Harpagon pour rester auprès d'elle.

— Si ce que vous dites est vrai Valère, alors je suis votre sœur ! lui dit Mariane avec joie, et je peux donc vous annoncer que votre mère aussi est en vie. Nous, nous avons été sauvées par des corsaires.

— C'est merveilleux ! s'exclame Anselme, embrassez-moi car je suis votre père ! Je suis don Thomas d'Alburcy : j'ai survécu au naufrage avec toute ma fortune et je suis venu vivre en France où j'ai pris le nom de Seigneur Anselme. Persuadé de vous avoir tous perdus, j'ai pensé me marier pour fonder une nouvelle famille.

— Quelle belle nouvelle ! Vous allez pouvoir me rendre l'argent que votre fils m'a volé ! interrompt Harpagon.

Au moment où Harpagon pense résoudre la situation à son avantage, son fils Cléante lui lance un ultimatum.

— Je sais où est votre cassette ! Je vous rends votre argent si vous me laissez épouser Mariane.

— Tout ce que vous voulez, mais rendez-moi ma cassette !

Cléante fait apporter la cassette à son père.

— Allons fêter toutes ces bonnes nouvelles, les enfants ! propose Anselme.

— Ne comptez pas sur moi pour participer aux frais des mariages... mais quel bonheur d'avoir retrouvé ma cassette ! conclut Harpagon avec joie.

Compréhension écrite et orale

piste 05

1 **DELF** **Écoutez l'enregistrement du chapitre puis répondez aux questions.**

1 Qu'est-ce que la Flèche, le valet de Cléante, a fait pour trouver de l'argent ?

2 Pourquoi Harpagon hurle-t-il ?

3 Qui est accusé du vol ?

4 Est-ce que Valère parle de la cassette ou de la fille d'Harpagon ?

5 Qui est en fait Valère ?

6 Qui sont la sœur et le père de Valère ?

7 Quel est l'ultimatum que Cléante propose à son père ?

piste 06

2 **Quelle est la cassette d'Harpagon ? Écoutez les différents témoignages sur la cassette, puis indiquez qui dit la vérité. Attention, plusieurs solutions sont possibles.**

a ☐ Témoin 1

b ☐ Témoin 2

c ☐ Témoin 3

d ☐ Témoin 4

e ☐ Témoin 5

3 **Remettez le final de la pièce dans l'ordre chronologique.**

a ☐ Anselme est Thomas d'Alburcy : il a survécu au naufrage mais pensait avoir perdu toute sa famille.

b ☐ Ils vont fêter ces bonnes nouvelles et Harpagon récupère sa cassette.

c ☐ Cléante pose un ultimatum à son père.

d ☐ Mariane annonce à Valère qu'elle est sa sœur et que sa mère est en vie.

e ☐ Valère raconte comment il a été sauvé d'un naufrage à l'âge de sept ans.

Enrichissez votre **vocabulaire**

4 La justice. Indiquez l'intrus dans chaque liste de mot.

1 voleur / assassin / meurtrier / commissaire
2 juge / commissaire / assassin / bourreau
3 témoigner / avouer / confesser / admettre
4 crime / vol / meurtre / témoignage
5 preuve / témoignage / déposition / omission

5 Encore et toujours la justice ! À l'aide des listes précédentes, dites qui se cache derrière chaque phrase.

1 Il condamne le coupable : le ....
2 Il enquête sur le crime : le ....
3 Il s'agit d'une déposition en justice : le ....
4 Il exécute la sentence de mort : le ....
5 Parfois l'accusé le fait quand il est coupable : ....
6 Elle démontre la réalité d'un fait : la ....

Production écrite et orale

6 Petite improvisation ! Le cadeau.

Tous en cercle. On fait circuler une boîte imaginaire : chacun la prend à tour de rôle et l'ouvre comme s'il s'agissait d'un cadeau. En silence, par les mimiques seulement, on montre son émotion. Le professeur peut imposer une émotion : joie, fierté, déception, colère, etc.

Projet Internet

7 Faites une recherche sur la comédie à l'aide des éléments suivants.

1 Qu'est-ce que la comédie ?
2 Est-ce un genre récent ? Quand est-il né ?
3 Qu'est-ce que la comédie de caractère ?
4 Sur quels exemples s'appuie la comédie en France ?
5 Quels types de comédie impose Molière ?

COIN CULTURE

L'Avare hier et aujourd'hui

Fiche d'identité de l'œuvre
Structure : pièce en cinq actes.
Genre : comédie

L'Avare est depuis 1680 la pièce de Molière la plus représentée à la Comédie Française après *Le Tartuffe* : environ 2 550 représentations jusqu'à aujourd'hui. Cette comédie donne à voir la société française sous le règne de Louis XIV : Harpagon et sa famille représentent la classe bourgeoise qui, enrichie par la finance et le commerce, s'impose par sa prospérité sur la scène sociale.

Cette comédie est devenue un classique de la culture scolaire. L'utilisation de la prose à la place du vers rend le texte très accessible au public du XXe siècle. Le jeune public apprécie beaucoup cette comédie qui parle de l'autorité des parents sur les enfants, d'amour et d'argent.

8 Lisez l'encadré et complétez les phrases avec les mots proposés.

amour – Louis XIV – prose – autorité – pièce – comédie

1 La .... la plus représentée à la Comédie Française est *Le Tartuffe*.
2 Cette .... est devenue un classique de la culture scolaire.
3 Elle donne à voir la société française sous le règne de ....
4 Molière a utilisé la .... à la place des vers.
5 Cette pièce continue de plaire car elle parle de l'................ des parents, d'................ et d'argent.

9 Imaginez une fin tragique à la pièce, puis présentez-la à l'oral.

Avant de lire

1 Les personnages de la pièce. Observez le dessin des personnages et associez la description physique au portrait.

- **a** Elle est blonde et elle a dix-sept ans. Elle est innocente et a été élevée dans un couvent.
- **b** Il est jeune, sympathique et veut se marier avec Agnès.
- **d** Il a les cheveux noirs. Il est lié d'amitié avec Arnolphe.
- **e** Il porte des moustaches et il a les cheveux gris. Il est le tuteur d'Agnès.
- **f** Il porte un chapeau noir. Il est le vrai père d'Agnès.

Arnolphe

Agnès

Horace

Chrysalde

Enrique

L'école des femmes

De gauche à droite et de haut en bas : **Arnolphe, Enrique, Chrysalde, Horace, Agnès.**

CHAPITRE **1**

L'innocence

piste 07

Arnolphe, âgé de quarante-deux ans, est un riche bourgeois tyrannique. Il est le tuteur [1] d'Agnès, une orpheline de dix-sept ans, pauvre, innocente et soumise. Arnolphe a confié la jeune fille à un couvent pendant plusieurs années. Son but était de la faire élever dans la plus grande ignorance pour se marier ensuite avec elle. En effet, Arnolphe veut épouser une jeune fille préservée des vices et des contacts avec d'autres hommes : pour lui, une femme ignorante et innocente est la meilleure garantie contre le cocuage [2]. Depuis quelques mois Agnès est sortie du couvent. Arnolphe l'a installée dans une maison juste à côté de la sienne pour pouvoir la contrôler. La jeune fille passe son temps à faire de la couture : bonnets et chemises de nuit sont ses occupations principales.

1. **Un tuteur** : une personne responsable d'un(e) orphelin(e).
2. **Le cocuage** : état d'une personne trahie par sa femme ou son mari.

Mais voilà, Arnolphe a dû partir quelques jours. À son retour, il apprend qu'un jeune homme a rendu visite à Agnès pendant son absence. Et comme cela ne suffit pas, ce jeune homme, Horace, est le fils d'un de ses amis, et il est tombé éperdument amoureux d'Agnès. Arnolphe est fou de rage ! Il décide d'interroger Agnès pour en savoir plus sur ces visites. Il lui propose ainsi de faire une petite promenade dans le jardin.

— Quelle belle promenade, n'est-ce pas ? demande Arnolphe.

— Très belle, en effet, répond Agnès.

— Des nouvelles ?

— Le petit chat est mort, dit-elle d'un air triste.

— C'est dommage... mais bon, il faut bien mourir un jour.

Vous êtes-vous ennuyée pendant mon absence ?

— Je ne m'ennuie jamais. J'ai fait six chemises et six bonnets de nuit.

— C'est bien, ma chère Agnès...

Arnolphe hésite un peu, puis il décide d'aller droit au but.

— N'avez-vous pas eu de visite ? Les voisins m'ont dit qu'un jeune homme est venu vous voir. Je ne crois pas ces mauvaises langues [3]...

— C'est pourtant vrai. Il est resté presque tout le temps chez nous.

— Mais, Agnès, je vous rappelle qu'il vous est interdit de voir quelqu'un quand je ne suis pas là !

— Je sais, mais je n'ai pas pu faire autrement. Laissez-moi vous raconter. Un jour, un jeune homme très gentil m'a saluée à mon balcon. Je lui ai répondu, par politesse [4]. Puis le lendemain, il est revenu et m'a annoncé qu'il souffrait à cause de moi. Il m'a dit qu'il avait besoin de venir me voir pour guérir sinon il risquait de

3. **Une mauvaise langue** : personnes qui aiment dire du mal d'autres personnes.

4. **Par politesse** : par courtoisie.

mourir… Je me suis sentie coupable, je n'ai pas pu refuser. Je ne pouvais pas le laisser mourir.

« Ah ! Comme ce jeune Horace est malin [5] ! Un véritable séducteur… pense Arnolphe. J'ai eu tort de m'absenter ».

— Et qu'est-ce qu'il a fait durant ses visites ? demande Arnolphe inquiet.

— Il m'a dit beaucoup de mots gentils et il m'a aussi dit qu'il m'aimait. Et il m'a baisé les mains. Quand j'y pense, je me sens encore tout émue.

« Oh le monstre ! Voilà qu'elle est amoureuse sans le savoir, dit-il à voix basse ».

— Mais il a fait quelque chose de grave, et je n'ose pas vous le dire. Vous allez vous mettre en colère, reprend Agnès, les yeux fixés vers le sol.

— Que dites-vous ? Quelque chose de… de grave ? Je meurs d'impatience de le savoir…

— Il m'a…

— Il vous a…

— Il m'a pris le ruban [6] que vous m'avez offert !

— Le ruban ? Ah, oui ! répond Arnolphe soulagé. Passe pour [7] le ruban, mais vous devez savoir qu'écouter les jeunes séducteurs et se laisser baiser les mains est un péché mortel.

— Je ne vois pas pourquoi c'est un péché mortel, puisque c'était gentil, répond Agnès.

— Ces choses-là ne sont plus un péché mortel quand on est mariés, ajoute Arnolphe.

— Alors mariez-moi immédiatement !

5. **Malin** : astucieux.
6. **Un ruban** : bande de tissu longue et étroite.
7. **Passe pour** : c'est pardonné pour cette fois.

— Oui, Agnès, dès ce soir si vous le voulez ! dit Arnolphe satisfait.

— Nous nous marions ce soir ? Comme je suis contente ! s'exclame la jeune fille. Mais lui, il est d'accord ?

— Lui qui ?

— Eh bien, le jeune homme...

Arnolphe comprend alors qu'Agnès ne parle pas de lui mais du jeune Horace. Il est très en colère.

— Mais ce n'est pas à vous de choisir un mari ! Et j'en ai un tout prêt pour vous... Je vous interdis de revoir ce jeune séducteur !

— C'est dommage, je l'aime bien...

— C'est moi le maître, allez dans votre chambre !

Le lendemain, Arnolphe fait venir Agnès auprès de lui. Il veut la demander en mariage, et pour la convaincre, il utilise de nombreux arguments. D'abord, si elle accepte de se marier avec lui, elle sera sauvée des mains des vilains séducteurs. Ensuite, comme elle est pauvre et lui riche, il lui offre la possibilité de devenir une honorable bourgeoise. Enfin, il lui rappelle que les femmes sont faites pour dépendre des hommes qui les dominent : la femme doit obéissance et respect à son mari qui est son chef, son seigneur et son maître. Avant de terminer son discours, il lui donne un livre sur les devoirs de la femme mariée. Agnès commence à le lire à voix haute.

— Maxime 1 : La femme n'appartient qu'à un seul homme. Maxime 2 : Elle ne doit être belle que pour son mari.

Agnès comprend ce qui l'attend et sa voix devient de plus en plus triste.

— Maxime 3 : Son mari décide qui elle peut voir...

— Finissez de lire toute seule Agnès, dit Arnolphe. Je vous conseille de prendre soin de ce livre...

Compréhension écrite et orale

piste 07

1 DELF **Écoutez l'enregistrement du chapitre, puis associez le début de chaque phrase à sa fin.**

1 ☐ Arnolphe est le tuteur
2 ☐ Le jeune fille a grandi dans un couvent
3 ☐ Le but d'Arnolphe est
4 ☐ La jeune fille vit dans une maison
5 ☐ Elle passe ses journées
6 ☐ Pendant l'absence d'Arnolphe,
7 ☐ Le jeune homme est
8 ☐ Arnolphe qui veut se marier avec la jeune fille

a de se marier avec elle.
b à faire de la couture.
c un jeune homme vient lui rendre visite.
d tombé amoureux d'Agnès.
e pour préserver son innocence.
f d'Agnès, une orpheline de dix-sept ans.
g lui donne un livre sur les devoirs de la femme mariée.
h à côté de celle d'Arnolphe.

piste 07

2 DELF **Réécoutez ou lisez le chapitre, puis dites si les affirmations sont vraies (V) ou fausses (F).**

		V	F
1	Arnolphe pense qu'une femme ignorante ne peut pas trahir son mari.	☐	☐
2	Agnès est sortie du couvent et peut vivre en toute liberté.	☐	☐
3	Arnolphe ne veut rien savoir sur les visites du jeune homme.	☐	☐
4	La jeune fille ne s'ennuie jamais.	☐	☐
5	Agnès n'a pas le droit de recevoir de visites quand Arnolphe n'est pas là.	☐	☐

3 piste 08 **Écoutez l'enregistrement, puis complétez le résumé du chapitre à l'aide des mots de l'encadré.**

bonnets – se marier – jeune – innocente – gentils – pauvre – couvent – chemises – ignorante – chat

Agnès est une (**1**) .... fille de 17 ans qui a grandi dans un (**2**) .... Elle est orpheline, (**3**) .... et (**4**) .... Elle est aussi très (**5**) .... comme le désirait son tuteur qui veut se marier avec elle. Cette jeune fille ne s'ennuie jamais, elle fait de la couture. Elle coud des (**6**) .... et des (**7**) .... de nuit.

Pendant l'absence d'Arnolphe, elle a perdu son petit (**8**) .... Mais elle a aussi rencontré un jeune homme. Il lui a dit beaucoup de mots (**9**) .... Elle désire (**10**) .... avec lui. Malheureusement, Arnolphe en a décidé autrement.

4 **Quel portrait ! Relisez le chapitre, puis indiquez le ou les intrus.**

Arnolphe ☐ riche ☐ généreux ☐ bourgeois ☐ tyrannique ☐ intelligent

Horace ☐ amoureux ☐ malin ☐ gentil ☐ séducteur ☐ orphelin

Enrichissez votre **vocabulaire**

5 **Recomposez les mots, puis associez chacun d'entre eux à son image.**

a un thac .... **d** une simeche ....

b un netbon .... **e** un calbon ....

c un fech .... **f** un voucent ....

1 ☐

2 ☐

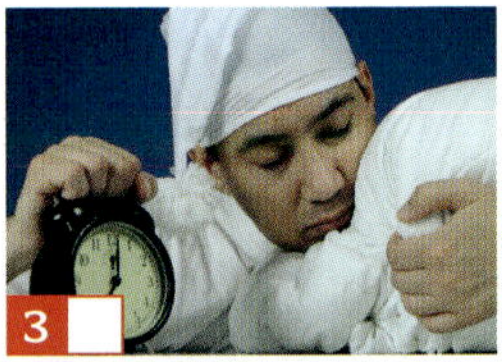
3 ☐

4 ☐

5 ☐

6 ☐

6 **Complétez les expressions à l'aide de l'encadré.**

coupable — amoureux — marié — colère — impatience — fou

1 Tomber ....
2 Être .... de rage
3 Se sentir ....
4 Mourir d'.........................
5 Être ....
6 Être en ....

7 **Un quiproquo est un procédé très utilisé au théâtre. Indiquez parmi les définitions suivantes celle qui correspond au mot.**

1 ☐ Prendre pour vrai ce qui ne l'est pas.
2 ☐ Échange entre deux personnages d'une pièce de théâtre.
3 ☐ Situation où un personnage commet une erreur en prenant une personne ou une chose pour une autre.
4 ☐ Événement qui modifie et fait évoluer l'intrigue dramatique.

8 **Indiquez parmi les situations suivantes laquelle correspond à la définition du quiproquo.**

1 ☐ Arnolphe a confié la jeune fille a un couvent.
2 ☐ Agnès pense qu'Arnolphe veut la marier avec Horace et Arnolphe pense qu'elle veut se marier avec lui.
3 ☐ Horace est venu voir Agnès pendant qu'Arnolphe n'était pas là.
4 ☐ Arnolphe apprend que le fils d'un de ses amis est tombé amoureux d'Agnès.

Production écrite et orale

9 **Petite improvisation ! La porte imaginaire.**

À tour de rôle, chacun ouvre une porte imaginaire et se présente au groupe en disant : « C'est moi ! » en exprimant une émotion au choix : la rage, la fierté, la tendresse, la peur, la douleur, etc.

10 DELF **Dressez votre portrait physique et psychologique en 80 mots.**

CHAPITRE **2**

L'émancipation

Quelques jours plus tard, Horace rencontre Arnolphe dans la rue. Son père et lui se connaissent depuis des années. Horace ne sait pas qu'Arnolphe est le tuteur de la jeune fille qu'il aime. Arnolphe, lui, fait semblant de ne rien savoir.

piste 09

— Comment allez-vous cher Horace ? lui demande-t-il d'un air innocent.

— Je suis très malheureux car le tuteur de la jeune fille que j'aime est revenu et a découvert notre amour. Il lui a interdit de me voir.

— Quel dommage ! Comment le savez-vous ?

— Les domestiques ne m'ont pas laissé entrer et la jeune fille m'a lancé une pierre...

— Quel accueil ! dit Arnolphe en cachant sa joie, satisfait de la réaction de ses valets et surtout de celle d'Agnès.

— Mais la pierre était accompagnée d'une lettre... ajoute Horace d'un air joyeux. C'est incroyable, l'amour fait faire des choses étonnantes !

— Que dit cette lettre ? demande Arnolphe un peu préoccupé.

— Eh bien, Agnès, c'est le nom de la jeune fille que j'aime, écrit qu'elle se rend compte qu'on a voulu la rendre ignorante, et qu'on essaie de la monter contre moi [1]. On lui a dit qu'il ne fallait pas écouter les jeunes hommes car ce sont tous des menteurs [2]. Mais elle sait que moi, je ne mens pas.

— Chienne ! s'exclame Arnolphe.

— Que dites-vous ?

— Rien, je tousse.

— Je trouve que c'est un crime de vouloir maintenir dans l'ignorance un esprit aussi admirable que le sien. Son tuteur ne peut être qu'un homme brutal et méchant.

— Je dois partir, lui annonce Arnolphe, qui se sent insulté.

— Comment, si vite ?

Arnolphe ne répond pas et continue sa route, plongé dans [3] ses pensées. « Agnès a fait semblant d'être innocente ? Ce n'est pas possible ! C'est le diable qui lui a donné autant d'esprit. Elle m'a trahi, moi qui me suis tant occupé d'elle. Je souffre car je sens que je l'aime du plus profond de mon cœur. Je l'ai préparée pour moi pendant treize ans, et maintenant, je dois abandonner le projet de l'épouser ? »

Il se rend chez son ami Chrysalde avec lequel il a rendez-vous. Chrysalde voit immédiatement que quelque chose ne va pas.

— Comme vous avez l'air bien malheureux, mon ami ! Qu'est-ce qui vous met dans cet état ?

1. **Monter une personne contre une autre** : animer, exciter une personne contre une autre.
2. **Un menteur** : quelqu'un qui ne dit pas la vérité.
3. **Plongé dans quelque chose** : absorbé par quelque chose.

— J'ai peur de devenir cocu.

— Mon cher Arnolphe, il y a des milliers de choses plus graves. Vous ne pouvez rien faire pour empêcher que ça arrive, c'est le hasard. Il faut donc transformer à son avantage un accident qu'on ne peut pas toujours éviter. Il faut juste savoir prendre la chose du bon côté[4].

— Vous pensez donc que cela n'est rien, et qu'on doit continuer sa vie normalement ?

— Je préfère être cocu et être marié avec une femme d'esprit que d'avoir une épouse fidèle qui te fait payer sa fidélité par sa mauvaise humeur quotidienne ou son ignorance.

— Je ne suis pas d'accord avec vous, dit Arnolphe déçu.

Il quitte Chrysalde et décide de rentrer chez lui. Arnolphe imagine déjà sa vengeance mais à l'angle d'une rue, il rencontre de nouveau Horace.

— Cher Arnolphe, j'allais chez vous car je voulais vous demander de me rendre un service.

— Je suis à votre disposition, Horace.

— Agnès s'est enfuie de chez son tuteur. Elle dit qu'elle ne peut plus supporter cet homme jaloux et méchant. Elle est sûre qu'il va se venger. Vous comprenez que pour son honneur, je ne peux pas l'accueillir chez moi. Est-ce que vous pouvez la loger chez vous pour un jour ou deux ? Vous êtes mon confident et l'ami de mon père : j'ai entièrement confiance en vous.

— Comme vous avez eu raison de vous adresser à moi ! Je suis bien content d'accueillir cette jeune fille... répond Arnolphe.

— Comme vous êtes bon mon cher ami, vous comprenez l'amour, vous au moins ! Je vais la chercher tout de suite...

4. **Prendre une chose du bon côté** : être optimiste.

— Maintenant, en plein jour [5] ? Je pense qu'il vaut mieux attendre la nuit, quelqu'un risque de nous voir. Emmenez-la ici ce soir, à la nuit tombée [6].

— Vous avez raison, l'âge rend sage ! À ce soir, mon cher !

Le soir, une bien mauvaise surprise attend Agnès. Horace l'accompagne au rendez-vous. Ils ne veulent pas se quitter, mais Arnolphe, le nez caché dans son manteau, tire Agnès par la main et l'emmène avec lui. Arrivés chez lui, il se découvre.

— C'est vous ! s'exclame Agnès qui vient de reconnaître son tuteur.

— Avec tout ce que j'ai fait pour vous, vous n'hésitez pas à me trahir !

— Je n'ai rien fait de mal. J'ai suivi vos conseils : je veux me marier pour ne pas commettre de péché.

— Oui, mais c'est avec moi que vous devez vous marier !

— Je préfère me marier avec Horace. Avec vous le mariage semble pénible.

— Vous l'aimez ?

— Oui, je l'aime.

— Et pourquoi vous ne m'aimez pas ? Moi qui vous élève depuis votre enfance.

— Justement ! Vous vous rendez compte de l'éducation que vous m'avez donnée ? Je suis totalement ignorante, j'ai honte de moi-même. Horace m'a appris plus de choses en quelques jours que vous en plusieurs années.

— Ingrate ! Vous ne m'aimez pas et vous refusez de m'épouser ? Eh bien, tant pis pour vous, je vous renvoie au couvent !

5. **En plein jour** : ici, à la lumière du soleil, au milieu de la journée.
6. **La nuit tombée** : au coucher du soleil, au crépuscule.

Compréhension écrite et orale

piste 09

1 DELF Écoutez l'enregistrement du chapitre, puis associez chaque question à sa réponse.

1 ☐ Est-ce qu'Horace sait qu'Arnolphe est le tuteur d'Agnès ?
2 ☐ Où Horace rencontre-t-il Arnolphe ?
3 ☐ Pourquoi Horace est-il malheureux ?
4 ☐ Qu'est-ce qu'il y a avec la pierre ?
5 ☐ Que dit cette lettre ?
6 ☐ Quelle est l'opinion d'Horace ?

a Il y a une lettre d'Agnès.
b Non, il a toujours vu la jeune fille seule.
c Il rencontre Arnolphe dans la rue.
d Il pense que c'est un crime de vouloir rendre les personnes ignorantes.
e Agnès dit dans la lettre qu'on a voulu la rendre ignorante.
f Parce que le tuteur empêche la jeune fille de le voir.

piste 09

2 Que se passe-t-il après ? Écoutez de nouveau, puis indiquez les phrases correctes.

1 ☐ Arnolphe se rend chez Horace.
2 ☐ Arnolphe a rendez-vous avec Chrysalde.
3 ☐ Chrysalde tente de consoler Arnolphe.
4 ☐ Son ami lui dit qu'on ne peut pas éviter certains accidents.
5 ☐ Arnolphe quitte Chrysalde content.
6 ☐ Arnolphe décide de se venger.
7 ☐ Arnolphe rencontre de nouveau Horace.
8 ☐ Le tuteur d'Agnès demande à Horace s'il peut lui rendre un service.
9 ☐ Horace veut emmener Agnès chez Arnolphe.
10 ☐ Agnès aime Horace et n'approuve pas l'éducation que lui a donné son tuteur.

3 Remettez les scènes suivantes dans l'ordre chronologique.

a **Scène** ☐ Arnolphe rencontre Horace qui lui demande s'il peut cacher Agnès chez lui.

b **Scène** ☐ Agnès découvre que l'homme qui va la cacher n'est autre que son propre tuteur, Arnolphe !

c **Scène** ☐ Horace rencontre Arnolphe dans la rue et lui parle de la lettre d'Agnès.

d **Scène** ☐ Arnolphe se rend chez son ami Chrysalde qui lui dit qu'il vaut mieux être cocu que d'avoir une femme de mauvaise humeur et ignorante.

4 Qui ressent quoi ? Relisez le chapitre, puis dites qui est caché derrière chaque phrase : Horace, Agnès ou Arnolphe ?

1 .... est heureux de la lettre d'.................... .

2 .... est consciente qu'on a voulu la rendre ignorante.

3 .... se sent trahi par ....

4 .... souffre car il sent qu'il l'aime de tout son cœur.

5 .... est déçu par les propos de Chrysalde.

6 .... aime .... car il lui a appris beaucoup de choses.

5 Le quiproquo. Indiquez les quiproquos du chapitre.

1 ☐ Horace ne sait pas qu'Arnolphe est le tuteur d'Agnès et le prend pour confident.

2 ☐ Chrysalde dit à Arnolphe qu'il faut transformer à son avantage un accident qu'on ne peut pas éviter.

3 ☐ Horace demande à Arnolphe de loger chez lui Agnès qui vient de s'enfuir de chez son tuteur.

4 ☐ Agnès ne veut pas se marier avec Arnolphe car il l'a rendue ignorante.

Enrichissez votre **vocabulaire**

6 Trouvez les mots correspondant aux définitions proposées.

1 On le met pour se couvrir en hiver : ....
2 C'est le synonyme de valet : ....
3 On le fait quand on chasse l'air de ses poumons avec bruit : ....
4 C'est le sentiment que ressent Agnès à cause de son ignorance : ....
5 C'est la femelle du chien et une insulte : ....
6 Arnolphe l'a caché sous son manteau pour ne pas être reconnu : ....

Grammaire

Les pronoms relatifs *que/qu'* et *qui*

C'est le diable ***qui*** *lui a donné autant d'esprit.*

1 Les pronoms relatifs servent à relier deux phrases pour n'en faire qu'une :
J'ai lu un livre. Ce livre était passionnant.
→ *J'ai lu un livre* ***qui*** *était passionnant.*

2 Ils remplacent un nom ou un pronom appelé « antécédent » (ici « livre »).

3 Leur fonction grammaticale
— « qui » remplace le sujet :
Elle attend ses parents. Ses parents rentrent de voyage.
→ *Elle attend ses parents* ***qui*** *rentrent de voyage.*
— « que » remplace un complément d'objet direct :
Tu as vu le DVD ? Je t'ai prêté ce DVD. → *Tu as vu le DVD* ***que*** *je t'ai prêté ?*

Attention ! Devant une voyelle, « que » devient « qu' ».
« Qui » ne s'élide jamais.

7 Reliez les deux phrases avec le pronom relatif *que/qu'* ou *qui*.

1 Horace rencontre Arnolphe. Arnolphe marche dans la rue.
2 Le tuteur de la jeune fille m'interdit de la voir. J'aime la jeune fille.
3 C'est de la faute d'Arnolphe. Arnolphe a voulu la rendre ignorante.
4 Elle a trahi Arnolphe. Arnolphe s'est tellement occupé d'elle.
5 Arnolphe a donné une éducation à Agnès. Elle n'aime pas cette éducation.

CHAPITRE 3

La trahison

piste 10

Quelques heures plus tard, Horace apprend que son père, Oronte, veut le marier à une jeune femme qu'il ne connaît pas. C'est la fille d'Enrique, un ami de son père. Horace se précipite alors chez Arnolphe pour lui demander à nouveau de l'aide.

— Arnolphe, j'ai encore besoin de vous. Mon père veut me marier à la fille d'Enrique. Mais moi c'est Agnès que j'aime ! Il va arriver chez vous dans quelques minutes. Pouvez-vous essayer de l'en dissuader[1]?

— Bien sûr Horace, vous pouvez compter sur[2] moi.

1. **Dissuader** : convaincre quelqu'un de renoncer à quelque chose.
2. **Compter sur quelqu'un** : avoir confiance en quelqu'un, mettre son espoir en lui.

« Quelle chance ! » se dit Arnolphe. Voilà l'opportunité pour lui de se débarrasser à tout jamais du jeune homme.

Oronte arrive chez Arnolphe en compagnie d'Enrique et de Chrysalde, l'ami d'Arnolphe. La discussion porte immédiatement sur le projet de mariage d'Horace. Oronte prend la parole.

— Cher Arnolphe, je suis venu vous voir pour...

— Je sais pourquoi vous êtes ici, cher Oronte. C'est une très bonne idée de marier votre fils à cette jeune fille. Même si Horace n'est pas d'accord, faites-vous obéir !

— Traître ! lui crie Horace qui ne sait toujours pas qu'Arnolphe veut se marier avec Agnès.

— Vous avez tout à fait raison Arnolphe, d'accord ou pas, mon fils va épouser cette jeune fille, annonce Oronte décidé.

— Organisez le mariage le plus vite possible ! ajoute Arnolphe, pressé de se débarrasser de son concurrent.

— C'est bien mon intention, Arnolphe. Mais ne savez-vous pas que cette jeune fille habite chez vous ?

— Co... comment ? bafouille [3] Arnolphe. La jeune fille que vous destinez à votre fils est... mais il n'ose pas prononcer le prénom. Non, c'est impossible !

Agnès, qui a entendu des voix, arrive à ce moment-là dans la salle où la discussion a lieu. Elle tente de s'approcher d'Horace mais Arnolphe s'interpose [4].

— Arnolphe, laissez-moi ! C'est Horace que j'aime et que je veux épouser, pas vous !

Le jeune homme comprend alors qu'Arnolphe, auquel il s'est confié et a demandé de l'aide, l'a trompé depuis le début.

3. **Bafouiller** : parler de manière confuse.
4. **S'interposer** : intervenir pour séparer des personnes.

— Encore quelques minutes de patience Agnès ! reprend Oronte. Laissez-moi vous raconter ce qui nous amène ici. Arnolphe est votre tuteur mais Enrique, ici présent, est votre père.

— Ma chère Agnès, dit Enrique à sa fille, après la mort de votre mère, le sort a continué à s'acharner[5] sur moi : j'ai dû partir à la guerre et vous laisser à une pauvre paysanne. Puis, lorsque vous avez eu quatre ans, c'est Arnolphe qui s'est occupé de vous. La guerre terminée, j'ai pu revenir en France et j'ai tout de suite commencé à vous chercher. Cela a duré des années, et m'a semblé une éternité ! Mais aujourd'hui, nous sommes enfin réunis. Quel bonheur !

Enrique et Agnès tombent dans les bras l'un de l'autre. Puis, c'est au tour d'Horace de prendre Agnès dans ses bras. La jeune fille retrouve un père qu'elle n'espérait plus et le mari qu'elle désirait.

— Cher Arnolphe, dit Chrysalde en s'adressant à son ami, j'imagine votre souffrance, mais voilà que le hasard fait bien les choses : le meilleur moyen de ne pas être cocu, c'est encore de ne pas se marier !

Arnolphe reste muet, et l'air triste, quitte la pièce. Horace ajoute :

— Je remercie le hasard qui a fait que mon père a choisi de me faire épouser celle que j'aime et qui m'aime.

— Allons fêter ces bonnes nouvelles ! s'exclame Chrysalde avec joie en quittant la maison d'Arnolphe.

5. **S'acharner** : s'obstiner, persécuter quelqu'un.

Compréhension écrite et orale

piste 10

1 **DELF Que se passe-t-il ? Écoutez l'enregistrement, puis dites ce qui est vrai (V) ou faux (F).**

		V	F
1	Oronte, le père d'Horace, veut le marier à une jeune fille qu'il ne connaît pas.	☐	☐
2	Horace demande à Arnolphe de l'aider à dissuader son père, Oronte.	☐	☐
3	Arnolphe pense qu'Oronte a raison de forcer Horace à épouser cette jeune fille.	☐	☐
4	Horace se rend compte qu'Arnolphe est un véritable ami.	☐	☐
5	En fait, Oronte veut marier Horace à Agnès qui se trouve chez Arnolphe.	☐	☐
6	Arnolphe est le tuteur d'Agnès mais Enrique est son vrai père.	☐	☐
7	Chrysalde pense que le meilleur moyen d'être cocu, c'est de se marier.	☐	☐

piste 11

2 **Quelle histoire ! Écoutez l'enregistrement, puis dites quelle est la bonne version de l'histoire d'Agnès et d'Enrique, ou la plus complète.**

Version 1 ☐
Version 2 ☐
Version 3 ☐

3 **Les quiproquos. Complétez les quiproquos avec les noms des personnages : Agnès, Arnolphe, Horace et Oronte.**

1 .... ne veut pas se marier avec la jeune fille que son père, ... , lui destine alors qu'il s'agit d'.................................... .

2 .... veut qu'.................................... se marie à la jeune fille que son père lui destine sans savoir qu'il s'agit d'.................................... .

Enrichissez votre **vocabulaire**

4 Associez chaque expression à son synonyme, puis faites des phrases avec au moins 4 de ces expressions.

1 ☐ compter sur quelqu'un
2 ☐ demander de l'aide
3 ☐ dissuader quelqu'un de faire quelque chose
4 ☐ prendre la parole
5 ☐ se débarrasser de quelqu'un
6 ☐ oser faire quelque chose
7 ☐ se confier à quelqu'un
8 ☐ tromper quelqu'un

a Mentir à quelqu'un
b Demander assistance
c Faire des confidences à quelqu'un
d Avoir du courage pour faire quelque chose
e Mettre son espoir en quelqu'un
f Convaincre quelqu'un de ne pas faire quelque chose
g Commencer à parler
h Se défaire de quelqu'un

....
....
....
....

5 Complétez les définitions suivantes à l'aide du texte.

1 Elle dure 60 secondes : ....
2 On échange nos points de vue : ....
3 On le met devant ou derrière le nom de famille :
....
4 C'est un rival : ....

Production écrite et orale

6 Petite improvisation ! On se raconte sa journée !

Deux par deux, face à face. Au départ, les yeux sont fermés. Le professeur donne la consigne : chacun se rappelle ce qui s'est passé le jour précédent (du matin au soir) ou le jour même. Au signal du professeur, on ouvre les yeux et on se raconte, en même temps et sans se laisser distraire par l'autre, ce qu'on a fait durant la journée.

7 DELF Par groupes de deux. Posez des questions à votre camarade sur ses actions quotidiennes (à quelle heure il se lève le matin, qu'est-ce qu'il mange au petit-déjeuner, etc.).

COIN CULTURE

L'école des femmes et Molière

Fiche d'identité de l'œuvre

Structure : pièce en cinq actes, construite selon les règles de la dramaturgie classique. Alliance de la farce, de la comédie d'intrigue et de la comédie de caractères.

L'école des femmes joue un rôle important dans la carrière de Molière. La pièce a beaucoup de succès et déclenche une querelle qui place Molière parmi les auteurs les plus importants. Elle lui permet de gagner beaucoup d'argent mais aussi d'avoir le soutien, fondamental à l'époque, du roi.

Il s'agit aussi pour lui de la période de la maturité de son art : alors que ses comédies antérieures restaient très proches de la farce, il devient le maître de la « grande comédie » en cinq actes et en vers, à la psychologie subtile et aux enjeux complexes. Il espère ainsi rendre à la comédie la même dignité que la tragédie, représentée au XVIIe siècle par des auteurs tels que Corneille et Racine, et dont les acteurs sont les concurrents directs de la troupe de Molière.

8 Indiquez la bonne réponse.

1 Molière
- a ☐ est seulement directeur d'une troupe de comédiens.
- b ☐ a plusieurs métiers liés au théâtre.

2 Une pièce qui se divise en cinq actes appartient
- a ☐ au modèle classique.
- b ☐ à la farce.

3 *L'école des femmes* a joué un rôle important pour Molière
- a ☐ parce qu'elle lui a apporté des bénéfices financiers et une bonne place à la cour du roi.
- b ☐ financièrement et socialement grâce au soutien du roi.

4 Une grande comédie est
- a ☐ une farce.
- b ☐ une pièce en cinq actes et en vers.

5 Molière veut donner à la comédie
- a ☐ plus de dignité qu'à la tragédie.
- b ☐ la même dignité qu'à la tragédie.

Projet Internet

9 Faites une recherche sur la *farce* à l'aide des éléments suivants.

1 Quand la farce est-elle née ?

2 Donnez une définition de la farce.

3 Au XVIIe siècle, les trois genres dramatiques reflètent les divisions des classes sociales de l'époque. Dites quels sont ces trois genres dramatiques et les trois classes sociales qui y correspondent.

4 Quel a été le changement décisif pour la farce au XVIIe siècle et le théâtre de Molière ?

Portrait d'Anne d'Autriche et de sa nièce Marie-Thérèse d'Autriche, Renard de Saint-André (1664).

Le statut de la femme

À travers *L'école des femmes,* Molière pose une question essentielle : celle du statut de la femme et de la signification véritable du mariage. Il remet en question l'inégalité sociale des sexes qui sera progressivement réduite au cours des XIXe et XXe siècles.

La condition des femmes au XVIIe siècle

Au XVIIe siècle, sur le plan juridique les femmes passent de l'autorité de leur père à celle du mari. Le contrat de mariage donne tout pouvoir au mari qui dispose des biens communs avec un pouvoir absolu. C'est lui qui décide du montant du « douaire » (montant assigné à sa femme) alors que cet argent vient de sa « dote » (argent de sa famille qu'elle apporte en cadeau à son époux).

La lecture de Molière, Jean-François de Troy (1730).

L'émancipation des femmes

Le XVIIe siècle marque le début de l'émancipation des femmes dans les milieux aristocratiques et intellectuels. Les précieuses dans les salons parisiens redéfinissent les rapports sociaux entre les sexes. Elles sont à l'avant-garde de la protestation féministe.

Elles n'exercent pas de pouvoir politique, mais elles valorisent l'amour contre la brutalité masculine et la contrainte tyrannique du mariage.

Et la révolte d'Agnès en est le symbole car tyrannisée et séquestrée injustement, elle se révolte contre l'ordre établi et les traditions qui aliènent les femmes. Elles doivent utiliser la ruse et le mensonge pour lutter contre l'oppressante société patriarcale. Elles n'ont pas le choix face à un pouvoir tyrannique et bloqué.

Le mariage arrangé

L'une des manifestations sociales de l'inégalité entre hommes et femmes se trouve dénoncé par Molière dans ses comédies : il s'agit du mariage arrangé. Ce mariage a été très longtemps prédominant en France : il était le résultat d'un arrangement social et financier entre deux familles.

Certes Arnolphe représente une caricature de l'autoritarisme masculin, mais il n'est pas le seul : le spectateur se réjouit de l'annonce d'Enrique qui marie son fils Horace à Agnès, mais il n'en reste pas moins vrai que la décision a été prise par lui et pas par les deux amoureux.

L'instruction des femmes

L'autre thème essentiel que l'on retrouve dans la pièce et fondamental pour l'émancipation des femmes est l'instruction. Comme on le voit dans la pièce à travers Agnès, la femme reçoit une éducation particulièrement restrictive qui consiste à ne lui transmettre aucun savoir, à brider et étouffer son esprit. Mais ce qu'Arnolphe refuse à Agnès, la vie va lui donner : l'école des femmes, ce sera l'amour. Les sentiments nouveaux qu'Agnès éprouve envers Horace vont l'éveiller au langage et lui permettre de se dépasser.

Aujourd'hui

Aujourd'hui encore, les femmes ne sont pas les égales des hommes. Sur le marché du travail, leur taux d'emploi à 66% est encore inférieur de 8 points à celui des hommes :

- 30% sont à temps partiel (contre 7% pour les hommes) ;
- elles ont un choix de métiers plus restreint : 12 familles professionnelles concentrent plus de 50% des femmes ;
- elles sont moins souvent à la tête des organisations ;
- leur niveau de rémunération est inférieur d'un quart à celui des hommes.

Compréhension écrite

1 Lisez le dossier, puis complétez les phrases.

1 *L'école des femmes* est une critique contre l'........................ des hommes et des femmes.

2 Le .... donne tout pouvoir au mari qui dispose des biens communs avec un pouvoir absolu.

3 Le XVIIe siècle marque le début de l'........................ des femmes dans les milieux aristocratiques et intellectuels.

4 L'une des manifestations sociales de l'inégalité entre hommes et femmes se trouve dénoncé par Molière dans ses comédies : il s'agit du ....

5 L'autre thème essentiel que l'on retrouve dans la pièce et fondamental pour l'........................ des femmes est l'instruction.

6 Aujourd'hui encore, les femmes ne sont pas les égales des hommes sur le ....

2 Relisez le dernier paragraphe, puis répondez aux questions.

1 Existe-t-il dans votre pays, une institution qui s'occupe des droits des femmes ? Si oui, laquelle ?

2 Est-ce que votre pays fête la journée internationale de la femme ? Quelle est la date de cette journée ? Que se passe-t-il ce jour-là dans votre pays ? Au niveau mondial ?

3 Quels sont les domaines d'action de cette institution (égalité professionnelle, droit à disposer de son corps, parité, etc.) ?

4 Faites des recherches sur les femmes et l'emploi pour obtenir les chiffres suivants : leur taux d'emploi, leur pourcentage à temps partiel, leur choix des métiers, leur niveau de rémunération, etc.

Avant de lire

1 Le caractère du personnage principal. Que veut dire le mot misanthrope ?

1 ☐ Un homme qui n'aime pas les femmes.
2 ☐ Un homme qui n'aime pas les hommes.
3 ☐ Un homme qui déteste l'humanité.
4 ☐ Une femme qui aime séduire les hommes.

2 Observez les personnages de la page 65, puis lisez leur description. Ensuite, écrivez leur nom sous chaque portrait.

a Elle aime Alceste, c'est une femme sincère. Elle a les cheveux bruns.
b Il croit être un poète talentueux. Il porte une perruque.
c C'est un ami d'Alceste. Il est sincère et hypocrite quand il faut. Il est blond.
d Il veut dire toujours la vérité. Il aime Célimène, une hypocrite. Il a les cheveux châtains. C'est le personnage principal de la pièce.
e Alceste l'aime malgré son hypocrisie. Elle est blonde.

Le Misanthrope

De gauche à droite et de haut en bas : Célimène, Philinte, Éliante, Oronte, Alceste.

CHAPITRE **1**

La sincérité

piste 12

Alceste trouve que la sincérité est la qualité la plus importante chez l'homme. Malheureusement pour lui, ce n'est pas l'avis de la société où il vit. Aussi a-t-il un certain nombre d'ennemis : là où la société attend flatterie[1], Alceste prétend vouloir dire la vérité.

Un jour, tandis qu'il se rend chez Célimène, la femme qu'il aime, Alceste rencontre son ami Philinte. Ce dernier est inquiet pour lui : il se rend compte qu'il est de plus en plus seul. Il tente alors de le convaincre de la nécessité de ne pas toujours dire aux personnes ce que l'on pense d'elles pour ne pas leur faire de mal.

— Cher Alceste, il vaut mieux ne pas toujours dire la vérité. On ne peut pas toujours dire aux gens leurs défauts !

1. **Flatterie** : éloge fait de façon intéressée.

— Je ne suis pas d'accord avec vous.

— Par exemple, vous allez dire à notre amie Émilie qu'elle est trop vieille pour être jolie ?

— Oui.

— Et vous direz aussi à notre ami Dorilas qu'il est ennuyeux à mourir[2] ?

— Absolument.

— Mais vous ne pouvez pas, voyons !

— Et pourquoi donc ? Je hais[3] la flatterie, l'intérêt et la trahison. Pour moi, seules comptent l'honnêteté, la vertu et la sincérité.

— Vous ne pouvez pas changer la nature humaine ni les coutumes de notre siècle, mon cher Alceste. Vous semblez ridicule à force de penser le contraire.

— Tant mieux si je suis ridicule aux yeux des gens. Ils me sont odieux, et je hais la compagnie des hommes.

— Pauvre Alceste, vous en voulez vraiment au[4] genre humain ! Les êtres humains ne sont pas parfaits, et c'est une erreur de croire qu'on peut changer le monde. Moi, j'essaie de prendre les hommes comme ils sont, même si parfois cela me fait souffrir.

— J'ai mes raisons Philinte de penser cela, je viens d'être trahi par un ami : il fait le gentil devant moi, mais dit du mal de moi derrière mon dos.

— Je comprends votre haine pour la trahison et l'hypocrisie. Mais pourquoi alors aimez-vous Célimène qui s'est si bien adaptée à la société d'aujourd'hui ? Vous préférez l'esprit médisant de Célimène à la sincérité d'Éliante et d'Arsinoé ?

— Oui, Philinte, je sais qu'Éliante et Arsinoé m'aiment et

2. **À mourir** : au point de faire souffrir.
3. **Haïr** : détester, ne pas aimer du tout.
4. **En vouloir à quelqu'un** : avoir du ressentiment.

attendent que je me déclare. Elles sont toutes les deux vertueuses et je reconnais leurs qualités. Je suis conscient des défauts de Célimène, mais je ne peux rien n'y faire, c'est elle qui me plaît. J'ai toujours l'espoir de réussir à la changer !

Sur leur route, les deux hommes rencontrent Oronte qui veut absolument avoir l'avis d'Alceste sur le poème qu'il a écrit. Alceste refuse d'abord et le met en garde.

— J'ai le défaut d'être sincère et les critiques ne plaisent pas à tout le monde.

— La sincérité : c'est exactement ce que je veux ! répond Oronte.

À peine a-t-il fini de lire son poème qu'Alceste lui donne son avis.

— Je crois qu'il vaut mieux parfois ne pas se laisser envahir par l'envie d'écrire.

— Vous trouvez que j'écris mal ? demande Oronte, vexé.

— Je ne dis pas ça, je dis seulement que parfois, il vaut mieux faire des choses pour lesquelles on a plus de talent.

Philinte tente d'intervenir pour rattraper[5] la critique d'Alceste, mais il est trop tard. Oronte en veut à Alceste et quitte ses deux amis sans les saluer.

Alceste et Philinte arrivent chez Célimène. Alceste profite d'être un moment seul avec elle pour en savoir plus sur ses sentiments : Alceste sait que Célimène est une coquette[6], et est toujours entourée d'hommes. Même si elle prétend l'aimer, il doute de la sincérité de ses sentiments.

— Madame, votre manière d'agir ne me plaît pas. Si vous voulez garder mon amour, ne laissez pas tous ces hommes vous approcher.

5. **Rattraper** : ici, corriger une erreur.
6. **Une coquette** : une séductrice.

— Est-ce de ma faute si je plais, Alceste ?

— Vous n'êtes cependant pas obligée d'être tendre avec tous ces hommes ! Prenons l'exemple de Clitandre : pourquoi êtes-vous aussi gentille avec lui ? Qu'est-ce qui vous plaît tant chez lui : sa façon de rire, sa perruque blonde ou tous ses rubans ?

— J'ai besoin de lui pour gagner mon procès, et il a beaucoup d'amis à la cour.

— Perdez votre procès, et vous n'aurez plus besoin de lui...

— Vous êtes jaloux, Alceste ! Mais rassurez-vous, c'est vous que je préfère.

— Vous dites peut-être la même chose aux autres...

— Si vous pensez cela de moi, votre amour pour moi est bien étrange.

Un domestique vient interrompre la conversation pour annoncer l'arrivée de quelques amis de Célimène. La jeune femme accepte d'interrompre son tête à tête avec Alceste pour les recevoir. Celui-ci est déçu.

— Vous acceptez toujours de recevoir tout le monde.

— Je ne peux quand même pas chasser les gens parce que vous êtes là. Asseyez-vous avec nous, cher Alceste !

Elle lui propose une chaise mais celui-ci la refuse. Il reste debout comme s'il voulait partir d'un moment à l'autre car il ne supporte pas les conversations qui se font dans les salons[7]. Parmi les invités, Clitandre arrive le premier. Il salue Célimène, puis s'asseoit avec les autres.

7. **Un salon** : réunion de femmes et d'hommes d'élite pour le plaisir de la conversation.

Compréhension écrite et orale

piste 12

1 DELF **Écoutez l'enregistrement du chapitre, puis dites à quel résumé il correspond.**

1 ☐

Philinte trouve qu'Alceste est ridicule à vouloir toujours dire la vérité. Il lui conseille de savoir quelquefois mentir pour ne pas faire de mal aux autres. Mais, Alceste ne supporte pas l'hypocrisie. Sur leur route, ils rencontrent Oronte qui leur lit un poème. Malheureusement, Alceste lui conseille de faire autre chose… Oronte réagit mal et part vexé. Quand ils arrivent chez Célimène, Alceste qui aime Célimène se montre jaloux car elle est toujours entourée d'hommes.

2 ☐

Philinte trouve qu'Alceste est de plus en plus seul. Il tente de convaincre son ami de sortir le plus possible. Il lui conseille de ne plus dire la vérité. Mais, Alceste déteste la trahison et l'hypocrisie. Il aime Éliante bien qu'il ne supporte pas l'hypocrisie. Sur leur chemin, pour se rendre chez Célimène, Philinte et Alceste rencontrent Oronte qui leur lit un poème. Mais, celui-ci part fâché après qu'Alceste lui a dit qu'il devrait faire autre chose. Arrivés chez Célimène, Alceste se montre jaloux des autres hommes.

3 ☐

Philinte veut donner des conseils à son ami Alceste qu'il trouve de plus en plus seul. Il s'inquiète pour lui et tente de lui dire qu'il doit apprendre à mentir tout le temps pour éviter la critique des autres et d'Éliante qui l'aime. Quand ils rencontrent Oronte qui leur lit un poème, Alceste ne peut s'empêcher de lui dire qu'il est nul. Quand ils arrivent chez Célimène, Alceste fait preuve de compréhension vis-à-vis des amis de Célimène.

piste 12

2 **DELF** **Réécoutez ou lisez le chapitre, puis répondez aux questions.**

1 Quelle est la qualité la plus importante pour Alceste ?
2 Pourquoi, selon Philinte, ne faut-il pas toujours dire la vérité ?
3 Qu'est-ce qu'Alceste hait en particulier ?
4 Quelle erreur ne doit pas commettre Alceste selon Philinte ?
5 Pourquoi Oronte souhaite-t-il lire le poème qu'il a écrit ?
6 Qu'est-ce qu'Alceste conseille à Oronte ?

3 **Lisez le chapitre, puis dites ce qui se passe chez Célimène. Indiquez les phrases correctes.**

1 ☐ Alceste veut rester seul avec Célimène pour lui parler.
2 ☐ Alceste doute de la sincérité des sentiments de Célimène.
3 ☐ Célimène aime la perruque blonde et les rubans de Clitandre.
4 ☐ Alceste est jaloux.
5 ☐ Célimène permet à des amis d'interrompre le tête à tête.
6 ☐ Alceste aime les conversations de salon.

Enrichissez votre **vocabulaire**

4 **Complétez les antonymes à l'aide des mots proposés.**

la critique – le mensonge – l'amour –
un défaut – l'hypocrisie – un ami

1 une qualité ≠ ....
2 la sincérité ≠ ....
3 un ennemi ≠....................
4 la vérité ≠ ....
5 la flatterie ≠ ....
6 la haine ≠ ....

5 **Associez chaque mot à sa photo.**

a un dos	**c** un procès	**e** une perruque
b la cour	**d** une chaise	**f** la route

1 ☐

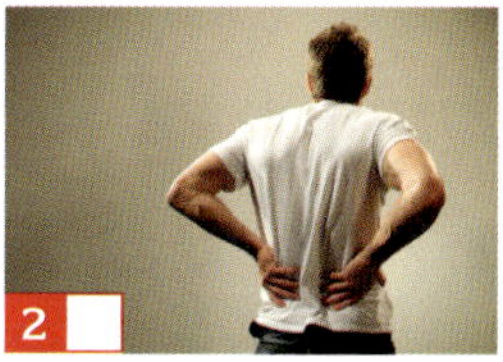
2 ☐

3 ☐

4 ☐

5 ☐

6 ☐

Production écrite et orale

6 **Petite improvisation ! Causes farfelues.**

Le professeur propose, sur des bouts de papier, diverses « causes » farfelues à défendre : la protection des chaises, le droit d'aller à l'école 12 mois par an ou de manger des insectes grillés, etc. Les participants tirent une cause au hasard et la défendent avec conviction devant la classe.

7 **Dressez la liste des défauts que vous détestez le plus et des qualités que vous préférez chez vos amis.**

8 **DELF** **Hélène veut envoyer ce courriel à Lucas. Lisez le courriel et dites quels conseils vous lui donneriez.**

Salut Lucas,

Ça va ? Moi, ça ne va pas du tout. Pourquoi tu es gentil devant moi et derrière moi, tu me critiques négativement ? Je ne peux pas supporter les personnes hypocrites. Pour moi, un ami qui n'est pas sincère, n'est pas un vrai ami. J'attends tes explications.

Hélène

envoyer

CHAPITRE **2**

L'hypocrisie

piste 13

La conversation s'engage. Célimène est reconnue pour son habileté à dresser des portraits critiques des gens de la cour. Après quelques phrases de salutations, Clitandre lance le premier nom : c'est un personnage de leur connaissance.

— Chère Célimène, je viens de rencontrer Damon qui m'a parlé pendant une heure, dit Clitandre. Je suis bien incapable de me souvenir de ce qu'il m'a dit.

— C'est normal, mon ami, Damon est un homme qui a l'art de parler pour ne rien dire, ajoute-t-elle.

— Comme vous avez raison ! Il est un peu comme Cléon.

— En effet, Cléon aussi parle beaucoup. On ne comprend jamais rien à ce qu'il dit. Et j'ajoute que si ses repas sont bons, sa personne est indigeste.

— Et que pensez-vous d'Adraste ? demande Acaste, un autre ami de Célimène.

— Il est gonflé d'orgueil et s'aime trop pour aimer les autres, continue Célimène.

— Et de Damis ?

— C'est un de mes amis. C'est un honnête homme, mais il croit avoir de l'esprit et pense être au-dessus de tous les autres.

— Que peut-on dire de Timante ? continue Philinte.

— Il est plein de manières : il vous parle toujours à l'oreille car pour lui tout est mystère.

— Comme vous êtes admirable, s'émerveille Clitandre, ces portraits sont parfaits.

— Comment pouvez-vous critiquer ces personnes en leur absence et leur faire de grands sourires quand ils sont devant vous ? interrompt Alceste, exaspéré par toute cette hypocrisie.

Mais personne n'approuve son intervention et Célimène accuse Alceste d'avoir l'esprit trop rigide pour apprécier les personnes de la société.

Au moment de partir, Alceste rencontre par hasard Arsinoé devant la maison de Célimène. Femme prude [1] et honnête, elle aime Alceste et est désespérée de ne pas être aimée en retour. Elle sait qu'il aime Célimène, et elle est jalouse de cette dernière. Arsinoé tente encore une fois de séduire Alceste.

— Cher Alceste, je suis heureuse de vous voir. Hier à la cour, j'ai entendu des personnes parler de vous en bien [2]. Si vous voulez, je connais des gens importants. Je peux vous trouver une place auprès du roi.

1. **Prude** : vertueux et austère.
2. **Parler de quelqu'un en bien** : parler de quelqu'un d'une manière avantageuse.

— Vous savez que je suis franc et sincère, et à la cour, ce ne sont pas des qualités qu'on apprécie beaucoup.

— C'est dommage, mais vous avez raison. En amour aussi, Alceste, vous méritez mieux et la femme que vous aimez n'est pas digne de vous.

— Mais Célimène est votre amie ! Comment faites-vous pour parler d'elle de cette manière ?

— Oui, c'est vrai, c'est mon amie. Mais je ne peux pas supporter le mal qu'elle vous fait : elle vous trahit !

— Comment pouvez-vous affirmer une telle chose ?

— Voilà la preuve, dit Arsinoé en tendant une lettre à Alceste. Puis, elle s'en va. Alceste lit la lettre. Désespéré, il se précipite de nouveau chez Célimène qu'il trouve seule dans son salon.

— Vous êtes la personne la plus cruelle du monde ! Je viens de recevoir la preuve de votre trahison. J'avais raison de douter de votre amour. Pourquoi m'avez-vous menti ?

— Que dites-vous ? De quelle preuve parlez-vous ?

— Regardez ! dit Alceste en tendant la lettre à Célimène.

La jeune femme la regarde, mais ne la prend pas.

— En effet, c'est bien moi qui l'ai écrite, dit Célimène.

— C'est une lettre d'amour adressée à Oronte !

— Je n'ai pas le droit d'écrire une lettre à Oronte ? Je peux quand même lui dire que je l'estime, si je veux.

— C'est donc bien vrai, vous l'aimez et vous me trahissez.

— Croyez ce que vous voulez, Alceste, votre jalousie vous aveugle. Vos soupçons sont injustes et vous ne méritez pas l'amour que l'on a pour vous.

Un domestique annonce l'arrivée d'Oronte. Ce dernier a eu

le temps de lire la lettre de Célimène, avant qu'Arsinoé ne s'en empare[3].

— Chère amie, je suis ici pour savoir si c'est Alceste ou moi que vous aimez. Vous devez choisir.

— Je suis d'accord avec Oronte, dit Alceste. Si vous le choisissez, je jure de ne plus jamais vous voir.

— Si c'est Alceste que vous choisissez, je vous promets de vous laisser en paix.

— Vous pouvez parler tranquillement, ajoute Alceste.

— Vous pouvez être franche et dire qui vous aimez, continue Oronte.

— Mais vous êtes fous ! Je ne peux pas répondre ! Je risque de faire du mal à l'un de vous et je crois que cela n'est pas nécessaire.

— C'est trop facile, madame, de trouver une excuse pour ne pas dire la vérité ! s'exclame Alceste. Je suis prêt à tout entendre.

— Je suis d'accord avec lui, soutient Oronte, nous attendons votre verdict.

Célimène n'a pas le temps de répondre que deux autres hommes pénètrent chez elle : Acaste et Clitandre. Ils se dirigent vers elle.

— Bonjour, madame. Nous sommes venus pour résoudre une petite affaire, dit Acaste.

Clitandre se rend compte de la présence d'Alceste et d'Oronte, et s'approche d'eux.

— Je suis content de vous trouver ici. Cette affaire vous concerne aussi !

— Qu'est-ce qui vous amène ? leur demande Célimène.

3. **S'emparer de quelque chose** : prendre possession.

Compréhension écrite et orale

piste 13

1 DELF **Écoutez l'enregistrement du chapitre, puis remettez les scènes suivantes dans l'ordre chronologique.**

- **a** ☐ Alceste et Oronte demandent à Célimène de choisir entre eux deux.
- **b** ☐ Alceste critique l'intervention de Célimène et s'en va.
- **c** ☐ Arsinoé donne une lettre à Alceste, preuve de la trahison de Célimène.
- **d** ☐ Alceste se précipite de nouveau chez Célimène.
- **e** ☐ Nous sommes chez Célimène. Elle est entourée d'amis et elle s'apprête à dresser des portraits critiques des gens de la cour.
- **f** ☐ Alceste rencontre Arsinoé devant chez Célimène.

piste 13

2 DELF **Réécoutez ou lisez le chapitre, puis dites si les affirmations suivantes sont vraies (V) ou fausses (F).**

		V	F
1	Célimène est très habile à faire des portraits critiques.	☐	☐
2	Alceste est exaspéré par tant d'hypocrisie.	☐	☐
3	Arsinoé propose de trouver une place auprès du roi à Alceste.	☐	☐
4	Elle donne la preuve à Alceste que Célimène le trahit.	☐	☐
5	Célimène trouve qu'Alceste n'est pas assez jaloux.	☐	☐
6	Si elle aime Oronte, Alceste est prêt à tout pour la reconquérir.	☐	☐

Enrichissez votre **vocabulaire**

3 **Complétez les expressions à l'aide des mots proposés.**

du mal – une place – une conversation – en paix – un portrait

1 engager ....
2 dresser ....
3 trouver ....
4 laisser quelqu'un ....
5 faire ....

4 Associez les phrases à leur signification.

1 ☐ Il a l'art de parler pour ne rien dire.
2 ☐ Ses repas sont bons, sa personne indigeste.
3 ☐ Il s'aime trop pour aimer les autres.
4 ☐ Il pense avoir de l'esprit et être au-dessus de tous les autres.
5 ☐ Il est plein de manière.

a Il n'est intéressé que par sa personne.
b Ses discours ne sont pas intéressants.
c Il fait du cinéma.
d Il pense être plus intelligent que tout le monde.
e Sa seule qualité c'est de bien préparer à manger.

5 Qu'est-ce que c'est ? Trouvez le mot correspondant à la définition.

1 Il a une couronne sur la tête et possède une cour : le _ _ _.
2 On en a deux et elles servent à écouter : les _ _ _ _ _ _ _ _ _.
3 C'est le contraire de l'hypocrisie : la _ _ _ _ _ _ _ _ _ _.
4 On est heureux quand on la reçoit : la _ _ _ _ _ _ _ d'_ _ _ _ _ _.
5 La haine est son contraire : l'_ _ _ _ _ _.

Grammaire

Le passé récent

Je viens de rencontrer *Damon qui m'a parlé pendant une heure.*

C'est un temps du passé et son action se passe juste avant le moment où l'on parle.

Il est surtout utilisé à l'oral, en effet, ici il est utilisé dans les dialogues.

Formation : **venir** (présent de l'indicatif) **+ de + verbe à l'infinitif**

Je viens, tu viens, il/elle/on vient, nous venons, vous venez, ils viennent.

Je viens de recevoir *la preuve de votre trahison.*

6 **Transformez les verbes au passé récent comme dans l'exemple.**

Ex. Il parle → *Il vient de parler.*

1 Nous critiquons. ....

2 Ils apprécient. ....

3 Vous affirmez. ....

4 Je choisis. ....

5 Tu promets. ....

7 **Transformez les phrases suivantes au passé récent.**

1 Elle a changé d'avis.

....

2 Ils sont partis il y a un instant.

....

3 Nous sommes arrivés à la maison.

....

4 Vous avez dit à Emma que vous l'aimiez.

....

5 Non merci ! J'ai mangé de la soupe.

....

6 Il a reçu un courriel de confirmation, il y a deux minutes.

....

Production orale et écrite

8 **Petite improvisation ! Dans la peau d'un personnage.**

Entrez dans la peau d'un personnage de la scène (Alceste ou Célimène) et répondez aux questions du public.

9 DELF **En groupes. À tour de rôle, vous posez des questions à votre camarade de classe sur sa famille, le collège, les vacances, etc.**

CHAPITRE 3

L'amour-propre

Acaste tend une lettre à Célimène.

piste 14

— C'est vous qui avez écrit cette lettre ?

Puis, s'adressant aux hommes présents dans la pièce, il ajoute :

— Écoutez les portraits que notre amie fait de nous !

Clitandre commence à lire.

« Le petit marquis Acaste qui me tient si souvent compagnie n'a rien de noble, sauf les vêtements, et il n'a pas de fortune. »

« Alceste m'amuse quelquefois avec son caractère de misanthrope et ses réflexions étranges, mais il me met aussi souvent en colère. »

« Clitandre emploie toute son énergie pour me séduire, mais je ne ressens aucune amitié pour lui. »

« Oronte, qui veut absolument être auteur et pense bien écrire, m'ennuie très souvent avec sa prose et ses vers. Je n'arrive plus à l'écouter ».

— Madame, intervient Acaste, vous nous dites de bien belles choses quand nous sommes en face de vous, vous nous faites croire que vous nous aimez, mais vous n'êtes qu'une séductrice et vous n'avez pas de sentiments !

— Dans notre dos, vous montrez la profondeur de vos sentiments et dites vraiment ce que vous pensez de nous, ajoute Clitandre. Vous êtes indigne de notre amour. Comptez sur nous pour faire un beau portrait de votre cœur partout où nous irons !

— Quand je pense à tout ce que je vous ai écrit, intervient Oronte, à tous les compliments que vous m'avez faits sur ma prose ! Quand je pense à vos lettres, à l'amour que vous m'avez promis... Je suis content de découvrir qui vous êtes vraiment, madame. Cher Alceste, je ne fais plus obstacle à votre amour : elle est entièrement à vous.

Les trois hommes, en colère, quittent la pièce.

Alceste est resté seul en compagnie de Célimène.

— Je n'ai rien dit et j'ai laissé tout le monde parlé avant moi. Est-ce que je peux vous dire ce que je pense, maintenant ?

— Oui, Alceste, vous pouvez me reprocher tout ce que vous voulez. J'ai eu tort, je le reconnais. Je dois vous paraître coupable et vous avez tous les droits de me haïr.

— J'aimerais bien ne plus vous aimer, mais mon cœur ne veut pas m'obéir. Je suis faible, je l'avoue, mais vous allez voir que je ne suis pas encore aller jusqu'au bout. Mon amour pour vous est toujours aussi fort, et je suis prêt à oublier toutes vos trahisons. Voici ma proposition : j'ai décidé de fuir tous les humains et d'aller vivre seul. Venez vivre avec moi dans mon désert[1] !

1. **Un désert** : ici, un lieu isolé.

— Vous croyez que je peux renoncer à la cour et au monde ? Je suis encore jeune et je dois profiter de la vie. Je ne peux pas accepter de me retirer avec vous dans votre désert !

— Mais si vous m'aimez, le reste du monde ne doit pas compter pour vous !

— Alceste, quand on a vingt ans, la solitude fait peur. Je ne me sens pas assez forte pour vivre loin du monde.

— Votre refus me fait plus de mal que vos trahisons. Je me rends compte que vous ne m'aimez pas assez pour venir vivre avec moi. Moi-même, je préfère renoncer à vous que de vivre dans ce monde que vous aimez tant.

Alceste fait ses adieux à Célimène, et quitte sa maison pour se rendre chez son ami Philinte. Il veut lui annoncer sa décision de se retirer du monde. Il le trouve en compagnie d'Éliante.

— Je viens vous annoncer que je me retire du monde, dit-il à ses deux amis puis, s'adressant à Éliante :

— Chère amie, je connais votre sincérité et je sais que vous m'aimez. Je vous estime beaucoup, mais je suis indigne de vous.

— Ne vous inquiétez pas Alceste, je sais que votre cœur n'est pas disponible. Il y a quelques jours, Philinte m'a déclaré son amour et je lui ai promis ma main.

— Oui, mon ami, ajoute Philinte. J'aime Éliante et je lui ai proposé de m'épouser, si vous êtes d'accord, bien sûr.

— Vous êtes entièrement libres de vous aimer, annonce Alceste avec sérénité. Je suis content d'apprendre que vous allez vous marier et j'espère que vous vous aimerez le plus longtemps possible. Moi, je me retire pour fuir les vices, les trahisons et les injustices de cette cour.

Compréhension écrite et orale

piste 14

1 DELF Que se passe-t-il ? Écoutez l'enregistrement, puis indiquez la ou les bonne(s) réponse(s).

1 Acaste lit le portrait
- a ☐ de Clitandre.
- b ☐ d'Alceste.
- c ☐ de plusieurs amis.

2 Célimène n'est en fait qu'
- a ☐ une séductrice.
- b ☐ une femme sans sentiment.
- c ☐ une femme orgueilleuse.

3 Selon Acaste, Célimène est indigne
- a ☐ de leur haine.
- b ☐ de leur jalousie.
- c ☐ de leur amour.

4 Oronte décide
- a ☐ de continuer à aimer Célimène.
- b ☐ d'empêcher Alceste de l'aimer.
- c ☐ de ne plus l'aimer.

5 Célimène reconnaît qu'elle
- a ☐ a eu tort.
- b ☐ est coupable.
- c ☐ a des excuses.

6 Alceste est prêt à
- a ☐ oublier son amour.
- b ☐ la quitter.
- c ☐ oublier les trahisons de Célimène.

7 Il lui propose de
- a ☐ venir vivre avec lui.
- b ☐ faire un long voyage.
- c ☐ partager son désert.

8 Célimène pense qu'elle doit encore
- a ☐ profiter de la vie.
- b ☐ rester auprès du roi.
- c ☐ rester à la cour.

9 Éliante a accepté
- a ☐ d'aller dans le désert.
- b ☐ de se marier avec Philinte.
- c ☐ d'épouser Philinte.

Enrichissez votre **vocabulaire**

piste 15

2 **Écoutez, puis dites à quel mot correspond chaque définition.**

a ☐ La cour
b ☐ Les salons
c ☐ Le portrait
d ☐ La préciosité

3 **En vous aidant des mots proposés, retrouvez la légende correspondant à chaque photo. Attention aux intrus !**

a une marquise – b une montagne – c un obstacle – d une main – e un marquis – f un palais – g une maison – h un cœur – i un désert

1 ☐

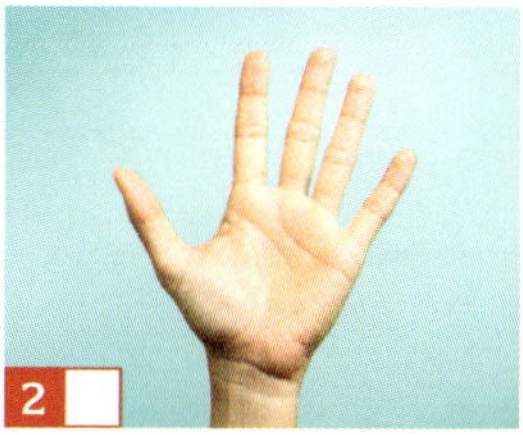
2 ☐

3 ☐

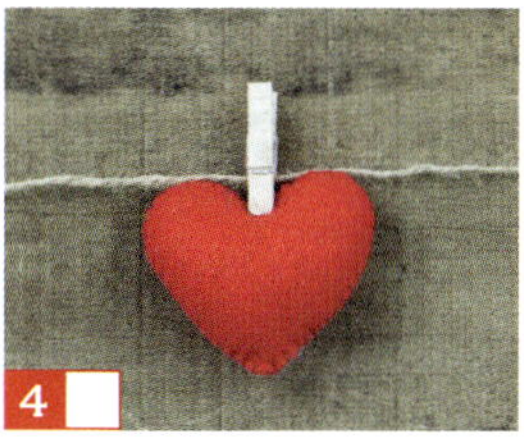
4 ☐

5 ☐

6 ☐

Grammaire

La négation complexe

*Je **ne** ressens **aucune** amitié pour lui.*
On peut remplacer la négation simple ***ne… pas*** par une négation complexe : ***ne… plus, ne … jamais, ne… rien, ne… aucun(e), ne… personne,*** etc. qui ajoute une information en plus.

La négation complexe se construit de la même manière que la négation simple, elle se place autour du verbe.
*Elle l'a aimé mais elle **ne** l'aime **plus**.*
*Nous **n'**avons vu **personne** ce matin sur la route.*

4 Transformez les phrases négatives simples en phrases négatives complexes en suivant les indications entre parenthèses.

1 Je n'aime pas le fromage. (*ne... plus*)

....

2 Nous n'avons pas vu d'amis ce week-end. (*ne... personne*)

....

3 Il n'y a pas de raison pour qu'il ne vienne pas. (*ne... aucune*)

....

4 Pourquoi ne voulez-vous pas venir durant les vacances ? (*ne... jamais*)

....

5 Tu n'as pas envie de partir avec moi. (*ne... jamais*)

....

6 Elle ne veut pas manger. (*ne... rien*)

....

Production écrite et orale

5 Petite improvisation ! Histoire à la chaîne.

Le professeur ou un élève commence une histoire et s'interrompt après deux ou trois phrases. Un autre élève prend la relève en prenant soin de commencer par le mot « heureusement ». Après une ou deux phrases, un autre enchaîne, débutant cette fois avec le mot « malheureusement ». Les participants inventent ainsi une histoire à la chaîne, alternant les événements heureux et malheureux.

6 Imaginez une fin différente au Misanthrope. Célimène décide de partir avec lui dans son désert. Alceste décide de se marier avec Éliante, etc. Racontez ce qui se passe.

COIN CULTURE

Être *Misanthrope* au temps de Molière

Fiche d'identité de l'œuvre

Structure : pièce en cinq actes, dialogues en vers

À l'époque du *Misanthrope*, une nouvelle conception de l'honnêteté se fait jour. Il s'agit moins d'être vertueux que de tenir sa place dans la société et d'être un parfait acteur sur la scène du monde. On est davantage dans l'apparence, dans l'élégance extérieure. Les moralistes dénoncent alors l'honnêteté comme un masque et montrent ce qu'il y a d'artificiel et de faux dans cette culture de l'image. Molière se fait le témoin de ce changement.

La critique que l'auteur développe ici est en partie un lieu commun du XVIIe siècle : la cour est volontiers présentée comme un microcosme d'oisifs, dans lequel l'être s'efface derrière le paraître, et la culture véritable derrière les mondanités superficielles. Privés des pouvoirs qui étaient les leurs par l'avènement de la monarchie absolue, les aristocrates ne se préoccupent plus que de leur apparence et de celle des autres : l'amour-propre règne en maître.

7 **Associez le début de chaque phrase à sa fin.**

1 ☐ On voit apparaître
2 ☐ On tient plus à son apparence qu'à
3 ☐ La critique que fait Molière
4 ☐ La cour est présentée comme
5 ☐ C'est le contexte de la monarchie absolue

a un lieu où la superficialité règne.
b être vertueux.
c qui entraîne l'exacerbation de l'amour-propre.
d est normale au XVIIe siècle.
e une nouvelle conception de l'honnêteté.

Molière au cinéma

Deux biopics [1]

À côté des œuvres de l'écrivain, la vie de Molière a donné lieu à de nombreux films de style et de période différents.

Vu l'importance du personnage, puisqu'il deviendra un auteur universel, on peut comprendre qu'il ait pu inspirer certains réalisateurs. Les biopics les plus récents datent de 1978 et 2007.

1978

Il s'agit d'un film-fleuve (il dure 4 heures) évoquant la jeunesse du dramaturge. Il a été réalisé par une femme, Ariane Mnouchkine, grande figure du théâtre français. Elle s'inscrit dans le courant des années 70 au moment où l'on souhaite présenter une vision plus réaliste et moins édulcorée de l'Histoire. À sa sortie, le film sera accueilli fraîchement, et ce sera grâce aux projections en milieu scolaire que le film rentrera dans ses frais.

Le synopsis

Comment un petit garçon né en 1622 d'un père tapissier et d'une tendre mère qu'il perdra trop tôt, deviendra un acteur prodigieux ? Le film relate la vie de Molière, d'une enfance modeste à la gloire royale, en passant par l'expérience de l'Illustre Théâtre et ses amours avec Madeleine et Armande Béjart.

Il a reçu les Césars des meilleures photos et meilleurs décors en 1979.

Affiche du film *Molière* de Ariane Mnouchkine, 1978

1. **Un biopic** : film qui s'inspire comme ici de la vie d'un personnage célèbre.

30 ans plus tard...

Presque 30 ans après, un autre metteur en scène choisit de nous relater, à sa manière, la vie de Molière. On a contesté au dramaturge la paternité de ses œuvres et voilà qu'un metteur en scène semble nous dire qu'en réalité Molière n'a jamais été qu'un copieur !

Le synopsis

Le film relate la période où après avoir été emprisonné par des créanciers impatients, Molière disparaît...

1 La critique ! Lisez les textes sur les deux biopics, puis dites à quel film s'adresse chaque critique : au Molière de Mnouchkine (1978) ou au Molière de Tirard (2007).

		1978	2007
1	C'est un chef d'œuvre ! Les décors et les habits sont magnifiques et nous amènent directs à cette époque où l'on partage la vie sociale, la politique de ce siècle autour du théâtre.	☐	☐
2	Ce n'est donc pas au récit d'une vie mais à une « ambiance Molière » que nous convie le film, non sans un certain entrain.	☐	☐
3	Le film se regarde facilement. Mais pauvre Molière qui ne devient qu'un simple copieur… Ce qui n'est pas le plus beau des hommages.	☐	☐
4	Fresque grandiose, ce portrait de la vie de Molière regorge de beautés visuelles. Le metteur en scène a réalisé un coup de maître pour sa première incursion dans la fiction cinématographique.	☐	☐
5	Ce film aurait pu être magnifique s'il ne souffrait pas de longueurs !	☐	☐

1 **Écrivez la légende sous chacune des illustrations. Précisez le nom de la pièce et le chapitre correspondant.**

a

Nom de la pièce : Le Misanthrope

Numéro du chapitre : 2

Légende: Alceste tend la lettre à Célimène.

b

c

d

e

f

....

....

....

....

....

....

....

....

g

h

....

....

....

....

....

....

....

....

2 Complétez les portraits des personnages.

1 Donnez trois adjectifs qui le caractérisent.

....

2 Donnez quatre adjectifs qui la caractérisent.

....

3 Elle est .... et elle a 17 ans. Elle est .... et a été élevée dans un couvent.

4 Il est .... et .... et veut se marier avec Agnès.

5 Il porte des .... et a les .... gris. C'est un bourgeois ....

6 Il a les cheveux ...., il est .... et déteste ....

3 Complétez la grille de mots croisés avec les adjectifs correspondant aux définitions suivantes.

1 Quand on est trompé, on est aussi...
2 On l'est quand on ne trompe pas les autres.
3 On éprouve de l'amour pour une personne, on dit qu'on est tombé...
4 On n'aime pas l'humanité.
5 Quand il nous manque un parent ou les deux.

6 On ne pense qu'à soi.
7 Une personne très agréable à regarder et à entendre.
8 Quand on est sous l'emprise de quelqu'un comme Agnès au début du chapitre, on est...

4 Associez les dessins à ce qu'ils symbolisent.

1 La couronne et le sceptre se réfèrent au roi et à son régime parfois sans limites.
2 On s'épanouit comme une fleur car on se libère de la tutelle.
3 Par intérêt, on dit certaines choses devant la personne et d'autres derrière.
4 Certains ne pensent qu'à l'argent comme Harpagon.
5 On veut garder tout pour soi et ne rien donner aux autres.
6 On ne supporte ni le mensonge ni l'hypocrisie.
7 La fierté est une armure qui, quand elle se rompt, dévoile notre fragilité.
8 Pur(e) comme l'enfant qui vient de naître...

Les structures grammaticales employées dans les lectures graduées sont adaptées à chaque niveau de difficulté.

L'objectif est de permettre au lecteur une approche progressive de la langue étrangère, un maniement plus sûr du lexique et des structures grâce à une lecture guidée et à des exercices qui reprennent les points de grammaire essentiels.

Cette collection de lectures se base sur des standards lexicaux et grammaticaux reconnus au niveau international.

Niveau **Deux A2**

Niveau intermédiaire du Cadre Européen Commun de Référence

Points de grammaire traités dans ce niveau

Adjectifs indéfinis, ordinaux
Adverbes de fréquence, de lieu
Comparatif
Complément du nom
Conditionnel de politesse
Futur proche
Il faut + infinitif
Impératif négatif
Indicatif : passé composé, imparfait, futur
Négation complexe
Participe passé
Passé récent
Prépositions de lieu, de temps
Présent progressif
Pronoms « on », personnels compléments, interrogatifs composés, relatifs simples
Réponses : *oui*, *si*, *non*, *moi aussi*, *moi non plus*
Verbes pronominaux, indirects
Y / En

Niveau Deux A2